FEILIXING XINGWEI、GUJIA BODONG
YU QIYE FEIXIAOLÜ TOUZI DE GUANXI YANJIU

非理性行为、股价波动与企业非效率投资的关系研究

黄毅 著

四川大学出版社

项目策划：梁　平
责任编辑：梁　平
责任校对：傅　奕
封面设计：璞信文化
责任印制：王　炜

图书在版编目（CIP）数据

非理性行为、股价波动与企业非效率投资的关系研究 /
黄毅著. — 成都：四川大学出版社，2021.9
ISBN 978-7-5690-4970-1

Ⅰ. ①非… Ⅱ. ①黄… Ⅲ. ①企业－投资行为－研究
－中国 Ⅳ. ① F279.23

中国版本图书馆 CIP 数据核字（2021）第 176887 号

书　名	非理性行为、股价波动与企业非效率投资的关系研究
著　者	黄　毅
出　版	四川大学出版社
地　址	成都市一环路南一段 24 号（610065）
发　行	四川大学出版社
书　号	ISBN 978-7-5690-4970-1
印前制作	四川胜翔数码印务设计有限公司
印　刷	成都市新都华兴印务有限公司
成品尺寸	170mm×240mm
印　张	9
字　数	169 千字
版　次	2021 年 9 月第 1 版
印　次	2021 年 9 月第 1 次印刷
定　价	52.00 元

版权所有 ◆ 侵权必究

◆ 读者邮购本书，请与本社发行科联系。
　电话：(028)85408408/(028)85401670/
　(028)86408023　邮政编码：610065
◆ 本社图书如有印装质量问题，请寄回出版社调换。
◆ 网址：http://press.scu.edu.cn

四川大学出版社
微信公众号

前　　言

　　随着行为金融学的不断发展，决策者非理性行为对投资的影响已成为目前研究的热点问题。本书探索的是管理者有限理性时其过度自信、风险偏好以及从众心理对企业非效率投资的直接影响，投资者有限理性时其过度自信与情绪通过股价波动对企业非效率投资的间接影响，以及管理者与投资者均有限理性时他们的非理性行为对非效率投资的共同影响。用最小二乘法、固定效应回归法和系统广义矩估计法对中国股市2009—2018年的面板数据进行实证研究发现：①管理者有限理性时，其多种非理性行为相互作用，管理者过度自信和从众行为加剧非效率投资，而风险偏好则抑制非效率投资。②投资者有限理性时，其过度自信和情绪通过股价波动这一中介变量显著正向影响非效率投资。③当管理者和投资者均有限理性时，股价波动能反向调节管理者从众行为与非效率间的正向影响。本书基于实证研究结果，结合中国资本市场股价波动以及管理者投资决策的实际情况，从资本市场的管控、企业对管理者的引导和非效率投资的管理几个方面提出相应建议。

目 录

第1章 概 论 …………………………………………………………（ 1 ）
  1.1 研究背景、问题与意义 ………………………………………（ 2 ）
  1.2 研究思路与研究内容 …………………………………………（ 7 ）

第2章 文献综述、理论基础与研究假设 …………………………（ 11 ）
  2.1 企业非效率投资 ………………………………………………（ 11 ）
  2.2 管理者非理性行为与企业非效率投资 ………………………（ 16 ）
  2.3 投资者非理性行为与企业非效率投资 ………………………（ 29 ）
  2.4 投资者和管理者非理性行为与企业非效率投资 ……………（ 54 ）

第3章 研究设计与研究方法 ………………………………………（ 58 ）
  3.1 研究对象与数据收集方法 ……………………………………（ 58 ）
  3.2 研究方法与研究模型 …………………………………………（ 60 ）
  3.3 变量定义与衡量 ………………………………………………（ 65 ）
  3.4 描述性统计与单位根检验 ……………………………………（ 71 ）

第4章 实证过程与研究结果 ………………………………………（ 77 ）
  4.1 管理者非理性行为对企业非效率投资影响的实证过程及结果 …（ 77 ）
  4.2 投资者非理性行为对企业非效率投资影响的实证过程及结果 …（ 85 ）
  4.3 综合影响及股价波动调节效应的实证分析 …………………（102）
  4.4 本章小结 ………………………………………………………（105）

第5章 讨论与总结 …………………………………………………（108）
  5.1 讨论 ……………………………………………………………（108）
  5.2 总结 ……………………………………………………………（115）

参考文献 ……………………………………………………………（121）

第1章 概 论

大千世界，无奇不有。然而我们看到的就是我们认识到的吗？这就存在一个认知问题，我们将看到的外界表象或信息经过一个神奇的大脑加工过程——思考过后再表达或反映出来，就是我们认识或认知的世界。在这个思考加工过程中，很容易造成思考前的信息和思考后的信息存在差异性，这个差异被认为是我们人类的"认知偏差"。思考的过程往往会受到我们自身的情感、经历以及我们大脑中成千上万的潜意识影响，而使我们感知或知觉外界表象和信息时出现偏差。

经济学家认为，大脑通常采用简单程序来应对复杂环境，因此出现偏差在所难免。而社会心理学家则认为，认知偏差跟自我中心的思维倾向有关，是为了维持积极的自我形象，保持自尊或者维持良好的自我感觉才会形成认知过程中的判断失误。进化心理学家提出，认知偏差是指人类在不确定情境下进行决策出现的差错，这些差错可以分为两类，一是错误肯定，一是错误否定。不论是哪种解释，认知偏差都存在于我们整个人类。认知偏差可导致感知失真、判断不精准、解释不合逻辑等各种非理性的行为。对企业管理者和投资者这样的决策者来说，他们的认知偏差导致的非理性行为可能会给实体经济带来不良的经济后果，尤其是他们在做出投资决策时，由于自身情绪高低、喜好与厌恶、自信程度等因素影响而产生的非理性决策行为，会影响企业投资效率。

企业投资是企业利润的主要来源，也是实现企业价值的有效途径；企业投资效率是投入产出比，是现代管理理论的核心内容之一。高效的投资能使企业在竞争中立于不败之地；无效的投资则只会浪费企业资源，降低企业价值（本书将无效投资称为非效率投资）。因此非效率投资的研究一直以来倍受学术界的关注。

改革开放四十多年来，我国经济飞速发展，企业投资和投资效率的高低起到了关键作用。企业投资效率高低关系国民经济发展水平高低，影响社会资源的优化配置。而影响企业投资效率的因素很多，从企业内部来看，其产权性

质、治理水平、投资规模、负债结构、现金流的充裕程度以及企业内部控制等因素均会影响企业投资效率；从企业外部来看，资本市场的完善程度、政府干预、经济环境、法律环境等都对企业投资效率产生影响。

然而，从行为决策主体的角度来讲，做出决策的投资者和管理者由于在决策时均可能存在心理认知偏差，比如过度自信、风险偏好、自我归因等，均会影响其投资决策行为，从而影响企业的投资效率。因此，本书从投资行为的决策主体出发，研究决策主体的各种心理认知偏差对企业投资效率的影响方式和作用机理，以及产生的各种经济后果，并在实证的基础上提出一些管理建议和启示，以期为改善企业投资效率管理提供参考依据。

1.1 研究背景、问题与意义

1.1.1 研究背景

行为金融理论是将心理学、行为学、社会学等学科知识结合起来，揭示非理性市场行为和决策规律的一种研究理论。"有效市场理论"或"有效市场假说"（Malkiel & Fama，1970）认为市场无摩擦且投资者的行为属性完全理性。但行为金融理论的"有限理性理论"（Kahneman & Tversky，1972）认为，由于心理认知偏差，市场参与者在决策时不可能做到完全理性，只能做到在完全理性和完全不理性之间的一种有限的理性。行为金融学的不断发展，在"有限理性"假设下，决策者的非理性行为以及企业非效率投资研究已成为金融学和财务学共同关心的重要领域。

在经济学中，"非理性"一词主要指对利益最大化的偏离和放弃，是参与生产、销售、消费过程中人的欲望、意志、激情、无意识、直觉等。在过去的近 30 年中，人们研究发现，人的感情、脾气、性格等心理因素在行为决策中起着重要作用，投资者和管理者的行为并不都是完全理性的，其决策行为不仅受到其内在认知偏差的影响，而且也受不确定性环境的限制。投资者与管理者有限理性的概念是从心理学理论引入金融学中来的，是一个基于投资者与管理者生理和心理机制描述其所采取的决策行为的方法。

本书所研究的投资者和管理者在有限理性假设下产生的非理性行为是指，投资者和管理者本身具有的意志、欲望、情感等非理性心理因素导致在决策时凭着自己高涨或低落的情绪、过度自信、随大流、喜欢与讨厌、迎合与逆反等感知进行决策的一种行为。

这里所提到的管理者包括企业所有高层经营管理者，投资者包括股票市场的散户和机构投资者。管理者和投资者的非理性决策行为往往对企业投资效率和企业股票价格产生不良影响。现有非理性决策行为对企业非效率投资的研究一方面集中在对管理者某一非理性行为对企业非效率的影响，另一方面集中在投资者某一非理性行为对企业非效率的影响。但管理者和投资者这两大决策主体均具有非理性行为时，共同对企业非效率投资的综合影响的相关研究尚为少见。在实际经济活动中，管理者和投资者在进行决策时均可能由于其认知偏差而产生非理性的决策行为，因此对企业非效率投资的影响分别从经营管理者和资本市场的投资者两大决策主体着手，研究二者的相互作用有一定的重要意义。

非效率投资是投资效率的另一面，即管理者不按照股东价值最大化进行投资，而是按照管理者的个人收益最大化进行选择，往往会在某些情况下将资源投入净现值小于零的项目和摒弃净现值大于零的项目。如果投资于净现值小于零的项目称为投资过度，如果放弃对净现值大于零项目的投资称为投资不足，这是企业非效率投资的两种形式。管理者的非理性行为往往导致投资效率低下，并且从股票市场上看，投资者的非理性行为会影响企业股价波动，股价波动又使管理者本能地迎合投资者心态或者通过股权融资渠道加剧企业非效率投资。所以研究决策者的非理性行为、股价波动以及企业投资效率三者之间的关系，理清企业非效率投资的影响因素，对社会资源的有效利用具有重要意义。

1.1.2 研究问题

现有的企业投资效率研究大都遵循传统金融理论，即基于"理性经济人"假设（Malkiel & Fama，1970），认为投资者和管理者都是理性主体，他们在做出投资决策时都充满理性。事实上，有效市场假说没有考虑决策主体在做出决策时的心理动态、行为习惯和情感方式等因素对决策结果的影响。心理学相关研究表明，人在行为处事时通常会表现出非理性心理动态（Baker，Ruback & Wurgler，2007）。人们拥有不同的情感、爱好和信仰，会使人们的认知过程产生偏差，常常会表现出过度相信自我、讨厌损失、随大流跟风等非理性心理。这些非理性心理对决策主体的行为过程和结果都会产生直接的和本质的影响。

由于传统的金融理论已经不能解释现实市场中诸如动量效应、日历效应、反转效应、规模效应和股票溢价等市场异象，但结合心理学的行为金融研

究——"有限理性理论"则可以对这些市场异象进行很好的诠释。因此,行为金融理论越来越受到学者的广泛关注,其逐步放宽对"理性人"的假设,将心理学、行为理论、社会学的理论基础充分应用到金融市场行为主体的决策研究中,认为市场投资者和企业管理者的各种决策行为除了受最终经济利益的影响外,还受决策主体的诸如本能、喜好、情绪等自身内在心理因素的干扰(R. H. Thaler,2005)。这些心理因素导致管理者和投资者在决策时突破传统的理性保持充分理性的经济人假设,处于有限理性状态,会产生过度自信、风险偏好、从众行为以及情绪等非理性行为,从而影响决策的效果和效率。

研究问题一:管理者的多种非理性行为如何综合影响企业非效率投资?

大多数管理者在决策时往往因为外部环境的不确定性以及自身心理因素的影响,去选择一些对企业并非最优的项目进行投资,有可能形成投资过度,损毁企业价值;也可能形成投资不足,降低企业价值。目前关于管理者非理性的相关研究主要集中在管理者的某一种非理性行为对企业投资的影响上(Kaufmann,Weber & Haisley,2013)。然而管理者的非理性有许多表现形式,最为常见的有管理者过度自信、管理者从众行为、管理者风险偏好等,且这些非理性行为特征有可能在同一管理者身上同时具备(Baker & Wurgler,2006;Malmendier & Tate,2015)。比如:过度自信的管理者可能表现出比非过度自信的管理者更喜欢进行风险投资;而非过度自信的管理者相对过度自信的管理者,其采取跟随其他管理者进行决策的从众行为概率可能更高。

目前,学者们就管理者某一非理性表现形式带来的决策效果进行了大量的探索,并认为当管理者认知偏差被单独考虑时,会对投资效率产生负面作用,而当几种不相同的认知偏差共同考虑时,它们可能会产生相对积极的作用(Jingoo Kang,Jun-Koo Kang,Minwook Kang & Jungmin Kim,2018)。这些不同的非理性行为综合在一起时究竟会对企业投资效率产生什么样的影响呢?目前学术界对于这方面的研究还较少见,也不完善。因此本书提出第一个研究问题:管理者的多种非理性行为如何综合影响企业非效率投资?

研究问题二:有限理性投资者的多种非理性行为如何通过影响股价波动对企业非效率投资产生影响?股价波动在投资者非理性行为与企业非效率投资间是否起到中介作用?

股票市场上的投资者也会由于认知偏差做出非理性的投资决策,形成决策偏差。这些决策偏差会使股票市场价格长期偏离内在价值而上下波动,即股票价格中不仅包括企业基本内在价值,还包括投资者非理性因素引起的价格信息(Keynes,1937)。股价的上下波动不仅强化有限理性投资者的非理性行为,而且强化理性管理者的非理性行为（Davis，Moore & Pedersen，2011）。

现有文献研究有限理性投资者非理性行为对股票价格影响的较多，但仅集中于对某一种非理性表现形式的研究，而关于对投资者的多种非理性行为对股票价格的综合影响研究较少。这些非理性行为引起的股价上下波动对企业非效率投资究竟会产生什么样的影响？股价高涨会产生过度投资吗？股价下跌会导致投资不足吗？投资者的非理性行为是否直接影响非效率投资？目前学术界在这些方面的研究也不多，且研究结果也不统一。因此本书提出第二个研究问题：投资者的多种非理性行为如何对企业非效率投资产生间接影响？

研究问题三：有限理性的管理者与投资者的多种非理性行为如何综合影响企业非效率投资，投资者非理性行为引起的股价波动是否能起到调节作用？

现实经济中，投资者和管理者在进行决策时都是有限理性的，均会表现出一定的非理性行为。管理者表现的非理性行为对企业非效率投资产生直接影响，而投资者的非理性投资行为对企业非效率投资的影响是通过对资产定价的影响间接形成的（Fairchild，2010）。现有研究大多从管理者或投资者单一角度，或仅对管理者或投资者的某一种非理性行为进行研究，少有文献将管理者和投资者均纳入有限理性框架，将二者的多种非理性表现形式对企业非效率投资的影响进行综合研究。本书试图研究二者的多种非理性行为对企业非效率投资产生的综合影响与单独产生的影响有什么不同，并且探索股价波动对管理者非理性行为与非效率投资间的直接影响是否起到调节作用，因为股价的上下波动可能会影响企业管理者的过度自信程度、管理者对风险的偏好程度以及管理者的从众行为，导致对企业非效率投资的作用发生变化。因此本书提出第三个研究问题：在有限理性假设下，管理者与投资者的多种非理性行为如何综合影响企业非效率投资，投资者非理性行为引起的股价波动是否能起到调节作用？

1.1.3 研究意义

中国资本市场波动大，有限理性的投资者与管理者表现出来的非理性行为突出。现有研究大多从三个方面进行：一是假设管理者理性，研究投资者的某一种非理性行为对股价波动的影响；二是假设投资者理性，研究管理者的某一种非理性行为对企业非效率投资的影响；三是假设管理者和投资者均有限理性，研究他们的非理性行为对非效率投资的影响。学者们目前的研究成果主要集中在前两个方面，对第三个方面的研究成果较少且不完善。本书逐步放宽对理性的假设，借鉴已有的行为金融研究成果，从分析影响投资者和管理者决策行为的认知偏差入手，讨论由此表现出来的非理性行为方式。利用中国股票市

场现有基本面财务数据,首先研究投资者理性时,管理者多种非理性行为对非效率投资的相互影响;其次研究管理者理性时,投资者多种非理性行为通过股价波动对企业非效率投资的相互影响;最后研究管理者和投资者均有限理性时,二者的多种非理性行为对非效率投资的综合影响。本书的研究意义在于:

第一,从行为金融关于投资者和管理者自身认知偏差的视角,将投资者和管理者均纳入有限理性假设,研究其多种非理性行为共同影响企业非效率投资的作用机理,有助于丰富和拓展公司财务理论,进一步完善行为金融理论,将管理者和投资者的非理性因素同时放入金融研究领域,是对公司金融及公司投资理论发展的进一步探索与补充。

第二,从企业非效率投资管理的视角,全面研究企业经营管理者和股票市场投资者的非理性决策行为对非效率的影响方式和经济后果,为企业进行非效率投资管理提供理论和经验依据。企业投资是企业将所拥有的资源以效用最大化的方式,投入使用效率最高的生产经营领域中的一个过程。企业过度投资和投资不足的非效率投资行为不能为企业带来价值创造,不仅造成社会资源的浪费,还可能破坏将来人类的生活环境。目前对管理者过度自信、管理者风险偏好以及管理者从众行为这三种常见的非理性行为共同对企业非效率投资的相互影响研究较少,对管理者与投资者的多种非理性行为对企业非效率投资的综合影响研究更少。本书的研究将有助于理论界和实务界重新认识和分析中国企业非效率投资产生的根源,为企业管理者进行投资效率管理提供相关决策依据。

第三,本书研究投资者认知偏差产生的投资者过度自信以及投资者情绪如何通过股价波动对企业非效率投资产生间接影响,能丰富公司基本面数据下股价波动影响因素的实证研究。由于中国资本市场起步较晚,股票市场上投资者认知偏差导致的情绪感染,以及投资者过度自信行为形成的过度交易等现象对股价的影响剧烈。Malkiel & Fama 在 1970 年提出的有效市场假说(Efficient markets hypothesis)认为股票价格只对新信息做出上涨或下跌的反应,且股价的变动是随机游走并且是不可预测的。本书将详细分析中国股票市场参与者的过度自信和投资者情绪两种心理特征通过股价波动对非效率投资产生作用的差异。研究的意义在于为中国股票市场监管部门提供保持市场稳定、良性发展的理论依据。

总之,本书的研究不仅可深化对管理者过度自信、管理者风险偏好、管理者从众行为、投资者过度自信、投资者情绪等非理性表现形式的理解,还可突破资产资本定价模型以及代理理论对企业投资的传统解释,为加强资本市场和企业的监管提供新的参考依据。

1.2 研究思路与研究内容

1.2.1 研究思路

本书以行为公司金融理论和行为公司财务理论为基础,利用中国股票市场2009—2018年间的财务数据,全面分析管理者和投资者非理性行为对企业非效率投资的直接和间接影响,以及二者对企业非效率投资的综合影响,深入剖析管理者过度自信、管理者风险偏好、管理者从众行为相互作用对企业非效率投资的影响机理,以及投资者情绪、投资者过度自信通过股票价格波动间接影响企业非效率投资的作用机理。根据研究结果,结合中国股票市场的实际情况,提出规范资本市场、提高企业投资效率的相关建议。

研究思路如下:

首先,在不考虑投资者的前提下,假设管理者为有限理性,深入剖析管理者过度自信、管理者风险偏好、管理者从众行为相互作用对企业非效率投资的直接影响。心理学家认为管理者过度自信普遍存在(Duellman, Hurwitz, & Sun, 2015),并且普遍认为过度自信的管理者更倾向于偏好风险而进行风险投资,非过度自信的管理者更倾向于跟随大众进行"跟风"投资。因此,本书在实证研究时不仅以总样本为依据验证管理者多种非理性行为对企业非效率投资的影响,而且将总样本划分为过度自信和非过度自信两个子样本,分别考察处于过度自信和非过度自信状态的管理者的风险偏好与从众行为对企业非效率投资的作用。

其次,假设管理者理性而投资者为有限理性时,研究股票市场上投资者过度自信以及投资者情绪这两种非理性行为通过股价波动对企业非效率投资的间接影响。由于投资者过度自信以及投资者情绪均会引起股票价格的上下波动,当投资者过度自信或投资者情绪高涨时,股票价格上扬,理性的管理者会因为股权融资成本较低,而增加股权融资,可能会造成过度投资(当然也可能因股权融资解决了融资约束问题而缓解企业的投资不足);股票价格下跌时,企业由于想稳定股价或本身资金不足,很容易引起企业投资不足。因此股票价格的波动是投资者非理性行为对企业非效率投资影响的中间变量。本书利用动态数据,实证分析股价波动在投资者非理性行为和企业非效率投资间是否起到中介作用,并深入考察投资者过度自信和投资者情绪这两种不同的非理性行为间接

对非效率投资影响的不良经济后果和作用程度,将股价波动按其波动的高低平均划分为股价高估组、中间组和低估组三组,用高估组和低估组的数据分别检验股价被高估或被低估时,是否会增加过度投资或投资不足。

再次,将管理者与投资者均纳入有限理性假设,综合考察管理者过度自信、管理者风险偏好、管理者从众行为以及投资者过度自信、投资者情绪这几种非理性行为对企业非效率投资的综合影响,并且用平衡面板数据验证投资者非理性行为引起的股价波动对管理者非理性行为与企业非效率投资间的关系起到的调节作用。

最后,结合中国资本市场股价波动以及企业高层管理者投资决策的实际情况,对管理者和投资者的多种非理性行为特征、实证结果进行归纳总结,提出如何进行非效率投资管理、如何培育管理者和投资者的心理素质、如何提高中国市场参与者的理性投资观念的相关对策和建议,以期从更长远的角度促进产业市场和资本市场的持续健康发展。

本书结构如图 1.1 所示。

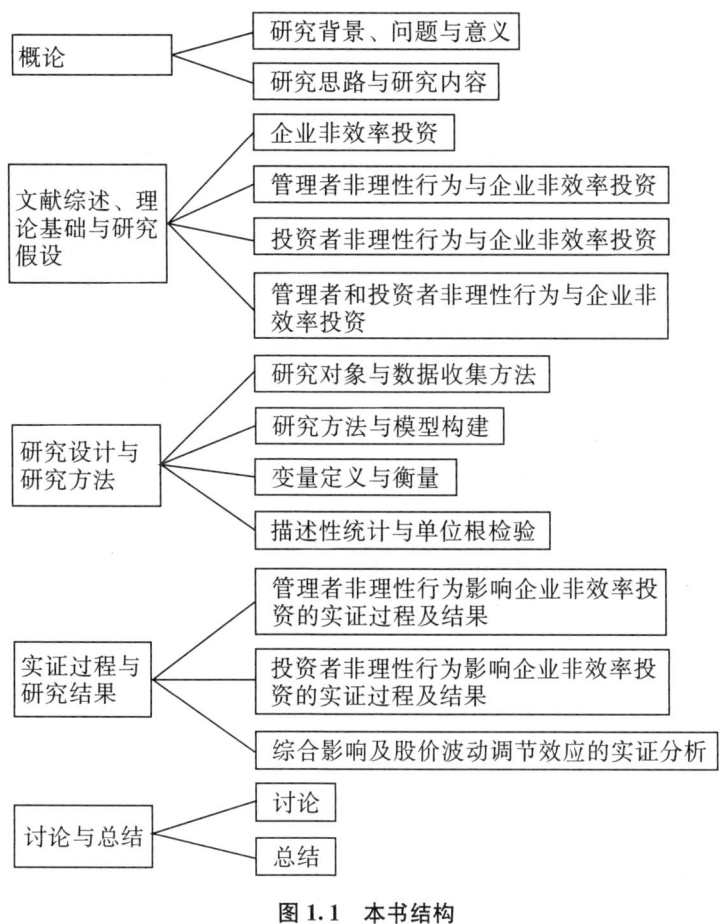

图 1.1 本书结构

1.2.2 研究内容

本书基于有限理性假设,从决策者认知偏差产生的非理性行为入手,研究有限理性管理者的非理性行为对企业非效率投资的直接影响、有限理性投资者的非理性行为通过股价波动对企业非效率投资的间接影响,以及有限理性的管理者和投资者的多种非理性行为对企业非效率投资的综合影响。具体内容安排如下:

第1章为概论:主要介绍研究背景、问题与意义,研究思路与研究内容。

第2章为文献综述、理论基础和研究假设:主要梳理关于企业非效率投资的研究文献、有限理性管理者认知偏差对企业非效率投资影响的文献及理论基础,并在此基础上提出研究假设;投资者认知偏差通过股价波动对企业非效率投资间接影响的文献综述及理论基础,并在此基础上提出研究假设;有限理性

的管理者和投资者共同对企业非效率投资影响的文献综述及理论基础,并在此基础上提出研究假设。

第 3 章为研究设计与研究方法:详细描述本书的研究对象和用于实证的数据收集方法和样本的选择;以及根据研究假设构建研究模型,对各研究指标进行详细定义、描述性统计和相关统计检验。

第 4 章为实证过程与研究结果:第一部分是管理者过度自信、管理者风险偏好、管理者从众行为对企业非效率投资的综合影响,以及在控制管理者过度自信后,进一步考察管理者风险偏好与从众行为对企业非效率投资的影响。第二部分首先验证投资者两种非理性行为对股价波动的影响,以及股价波动对企业非效率投资的影响(分别检验股价高估和低估与过度投资和投资不足的相关性),并利用系统广义矩估计进行检验。其次实证股价波动在投资者非理性行为和企业非效率投资之间的中介效应。第三部分为投资者与管理者均在有限理性假设下,验证管理者与投资者的多种非理性行为对企业非效率投资的综合影响,以及股价波动在管理者非理性行为与企业非效率投资中是否起到调节作用。

第 5 章为讨论与总结:对研究进行讨论和总结,并指明理论贡献、管理启示、研究不足和展望。

第 2 章　文献综述、理论基础与研究假设

现代财务管理理论（也被称为微观金融理论）的核心框架是以有效市场假说和理性人假设为基础发展起来的，围绕这些假设，股票市场的股价波动和企业投资的效率一直以来是经济学和财务学共同关心的重要领域。行为金融和财务理论是在金融学和财务学的基础之上，融入了心理学、社会学等其他学科的知识，全面发展起来的一个全新的微观金融财务研究理论。"有限理性"假设下的决策者非理性行为以及企业非效率投资研究已成为金融学和财务学共同关心的重要领域。

本章从四个方面对已有文献进行全面梳理，并阐述关于非理性行为对企业非效率投资的理论基础，在此基础上提出本书的研究假设。文献梳理的四个方面包括：第一，理性假设下企业非效率投资的文献梳理；第二，管理者有限理性假设下其过度自信、风险偏好和从众心理影响企业非效率投资的文献梳理；第三，投资者有限理性假设下通过股价波动影响企业非效率投资的文献梳理；第四，管理者和投资者均在有限理性假设下二者的多种非理性行为综合影响企业非效率投资的文献梳理。

2.1　企业非效率投资

目前关于企业投资效率的研究主要集中在企业非效率投资产生原因和企业业绩之间的相互关系方面。很多研究都指出，企业的自由现金流、公司高级管理层的薪酬水平、企业产权的性质以及财务杠杆作用等因素都是影响企业非效率投资的原因，而这些因素会进一步影响到企业的业绩水平。另外，现有文献还大量研究了股权结构与投资效率的关系。关于管理者和投资者二者均产生非理性行为时对企业非效率投资的综合影响的文献成果相对较少。

2.1.1 关于企业非效率投资的相关研究

投资效率是指企业投入与产出的比率。企业有效率的投资决策可以定义为所有净现值为正的投资项目都被正确辨别并加以实施，而所有净现值为负的投资项目都被拒绝。这里的净现值是指一个投资项目所产生的未来现金流入量的现值与项目现金流出量现值之间的差值。非效率投资则是指决策者的投资决策实施的无效部分，具体包括：过度投资或投资不足。其中，过度投资是管理者投资了净现值小于零的投资项目，给企业带来价值损失的行为；而投资不足是指管理者放弃了净现值大于零的投资项目，而给企业带来机会成本的行为。

对企业来讲，如果所面临的可选择投资项目数量较多，投资项目的净现值既有大于零的也有小于零的，企业在进行投资决策时一般会从净现值较高的项目依次进行投资。从理论上讲，企业要获得最优的投资效率，应当是投资额度刚好可以使最后一个投资项目的净现值为零，简单地讲就是只要有净现值大于零的项目，企业就会一直投资下去，直到投资到净现值刚好等于零的项目为止，表明企业将所有净现值大于零的有效投资项目全部实施，此时企业获得的投资效率是最优的。如果企业放弃了净现值大于零的投资项目，说明其投资不足；如果企业投资了净现值小于零的项目，说明其投资过度。不论是投资不足还是投资过度行为，均会有损企业的投资效率。

现有文献主要关注于对企业非效率投资动因的研究，理性假设下的传统投资理论对非效率投资动因的研究已经比较成熟并已取得一定成果，主要包括信息不对称和代理问题两个方面，强调所有者与经营管理者之间的委托代理冲突对投资效率的负面影响（Stein，2003），也有部分学者认为，导致非效率投资的原因除了信息不对称和代理问题外，还包括企业外部的制度环境等其他因素。

在委托代理冲突方面，大多数学者认为当管理者在面对有利可图的投资机会时，他们可能不总是追求以股东权益最大化为目标。首先，由于道德风险问题，管理者会根据公司现金流的管理使用状况产生短视偏差，从而形成低效的投资决策；其次，外部融资成本高导致公司内部可投资资金不足。因为较高的股权融资成本很可能导致公司整体投资收益和股东回报之间的利益冲突，也可能对企业未来现金流量和信息不对称带来同步影响。徐倩（2014）指出委托代理会由于两权分离的存在和对管理者的监管不到位形成投资过度；童红霞（2021）实证得出企业的财务柔性可以缓解融资约束从而减轻投资不足，也可以加剧代理问题而导致过度投资，并表明非效率投资在财务柔性与企业价值间起着中介作用。

Myers（1977）认为，在不完全资本市场上存在管理者和外部投资者之间的信息不对称，外部投资者可能低估企业价值，企业从外部融资的成本较高，造成企业的"融资约束"，进而导致企业的投资－现金流敏感度（指投资对于现金流的变化所反映的变化程度）较高，产生投资不足或者过度投资。王彩、班景刚和崔润（2012）认为，当债权人与股东之间的信息不对称时，高利率和融资限制条件限制股东投资能力，也会造成投资不足。Jensen（1986）认为企业的非效率投资主要源于经理人的代理问题。肖珉（2010）也指出，如果企业现金流充裕，管理者可能出于自利动机，选择净现值较小甚至不为正的项目进行过度投资，损害股东财富。有学者认为，由于信息不对称，企业的盈余管理对企业非效率投资也会产生负面作用。冼依婷和赵兴楣（2020）实证得出，企业盈余管理程度越高，加大管理者与投资者之间的信息不对称，企业非效率投资越大。

由于信息不对称和代理问题，利益相关者之间的博弈将偏离投资目标与原始 MM 假设（Modigliani & Miller，1958）。MM 理论表明：在具备完全资本市场的经济中，企业的市场价值与资本结构无关。但在实际生产经营时，资本市场并非完全资本市场，不具有强式效应，投资决策时决策主体并非"完全理性"的，债权人和股东的风险和回报的权衡、自由现金流的分配以及股东和管理者的短期或长期项目的选择、控股股东和中小股东之间的关系等均会违反理性假设。股东和管理者的利益冲突使得管理者有动机为自身利益最大化而投资净现值小于零的项目，从而造成企业的过度投资，即投资了净现值小于零的项目；或者是为维护自身声誉、规避风险等原因而造成投资不足，即一些净现值大于零的项目没有得到实施。

股东、管理者与债权人之间的冲突也容易导致企业的非效率投资。当企业存在较高的资产负债率时，一方面股东和管理者会因投资成功获得绝大部分收益，在投资失败时却不必承担主要后果，使得其有忽视债权人利益而投资高风险高收益投资项目的动机，可能形成企业过度投资；另一方面较高的负债水平也有可能无法获得新的外部债权人的认可，使企业投资项目无法正常进行，这就形成投资不足。

股东之间的冲突也能够影响到企业的投资效率，控制性大股东经常会通过多种途径损害其他中小股东利益获得隐性收益，具体表现在：经常忽略净现值为正的项目，或是投资于净现值为负的项目，造成企业投资非效率（Bae，Baek，Kang，& Liu，2012）。当企业外部融资成本远远高于内部融资成本

时，面临融资约束的企业，其投资－现金流敏感性更强，企业在投资项目启动资金方面严重依赖外部资金，此时如果外部融资成本过高就很容易造成企业投资不足。相反，如果外部融资成本较低，就有可能造成企业的过度投资现象（Andres，2011）。

行为金融学的兴起为企业投资效率的研究提供了新的理论基础。由于过度自信是一种普遍心理，因此过度自信理论成为企业投资效率研究的重要切入点。Shefrin（2001）认为，在非理性假设条件下，企业非效率投资产生的原因之一是管理者的过于自信，认为过度自信的管理者往往高估投资项目的回报，低估投资项目的风险和成本，所以错误地对部分净现值小于零的项目也加以实施，形成过度投资；Heaton（2002）也指出，过度自信的管理者往往认为企业价值被市场低估，因而不愿进行外部融资，所以由于现金流量的约束可能会放弃部分净现值为正的投资机会，形成投资不足。后来学术界以不同市场的数据为研究对象均能验证以上观点。

2.1.2 非效率投资的衡量

目前研究非效率投资的学者相对较多，对非效率投资的计量建立了许多典型的模型，主要包括三个基本模型：

第一个模型是 FHP 模型，是由 Fazzari、Hubbard 和 Petersen 三人在 1988 构建的投资－现金流的敏感性模型。该模型从融资约束这个维度切入，考量企业投资支出对内部现金流的敏感性，认为融资约束和公司投资的关系可以用优序融资理论解释。因为信息不对称的存在，内部融资和外部融资不是完美的替代。企业在进行投资决策时会选择资金成本较低的内部融资，只有当企业内部资金不足以满足投资需要时，企业才会选择外部融资。他们指出，企业投资效率等于依赖企业投资机会变量的函数和依赖企业内部现金流变量的函数与随机项之和。以现金流函数的系数大小来判定企业的投资行为：如果融资约束很大，并且外部又有投资机会时，企业投资会更取决于内部的自由现金流，此时现金流函数系数会显著为正；如融资约束越强，系数会越大，投资支出与现金流的关系越敏感。但这种模型无法验证是属于过度投资还是投资不足。

近年来，中国部分学者直接运用和发展了 FHP 模型，以验证中国企业投资与现金流的敏感性。如陈明和顾水彬（2017）直接运用该模型研究发现我国上市公司同时存在投资不足与投资过度现象，且这两种现象下均存在投资现金流敏感性问题，会计准则趋同后投资现金流敏感性显著下降。另外杨兴全与孙杰（2007）用现金持有量作为营运资本的替代变量，马如静、唐雪松与贺明明

(2007)等同时引入托宾 Q 值和主营业务收入增加值变量，李维安与马超（2014）引入滞后一期的投资增量和托宾 Q 值变量，谢乔昕和张宇（2013）将经济影响力和股权结构作为自变量引入 FHP 模型，等等，均验证了中国市场企业内部现金流与企业投资的相关性。

第二个模型是 Vogt（1994）在 FHP 模型基础上加入投资成长机会、自由现金流和它们的交互项形成的计量模型。该模型依据交互项系数的符号判断是否出现过度投资和投资不足现象。交互项系数大于零时判断为投资不足，交互项系数小于零时判断为投资过度。但该模型也只是判断是否存在非效率投资的两种现象，不能准确衡量这两种现象的程度。Vogt（1994）认为，高成长的企业自由现金流较少，但投资机会较多；而低成长的企业自由现金流较充裕，但缺少投资机会。然而在中国市场上，大多数上市公司存在低成长和低盈利现象，所以该模型不太适合检验中国上市公司。但中国仍有部分学者调整大部分变量后用该模型来检验中国企业的非效率投资状况。如梅丹（2009）用企业资产负债率、现金存量代替现金股利变动额，马如静（2007）删除了托宾 Q 值、主营业务增长率和其与现金流的交互项，罗富碧、冉茂盛与杜家廷（2008）用高管股权激励水平变量代替现金股利变动额变量。

第三个模型是 Richardson（2006）的残差度量模型。该模型将估计的企业标准预期投资水平与企业实际投资水平进行回归，然后计算残差，残差大于零的部分代表过度投资，残差越大，公司过度投资程度越大。Richardson（2006）认为，企业的新增投资支出由两部分组成：一部分为预期的理想的投资支出，预期投资支出与企业的成长机会、融资约束、上一年投资支出、行业和其他因素相关；另一部分为企业的非正常投资支出，在模型中以残差的形式表现出来，正的残差代表过度投资。

该模型由于能准确计量特定企业在特定时期的过度投资和投资不足的程度，能够较好量化非效率投资，近年来得到国内外学者们的广泛运用，如 Jung, Lee & Weber（2014）和刘艳（2016）、刘喜和周妙雯（2020）等均运用该模型来度量中国上市公司的非效率投资状况。目前这种方法是测量非效率投资使用最为广泛的一种方法，能较好地度量投资不足和投资过度。

本书借鉴 Richardson（2006）的投资残差模型来测量企业的非效率投资，用公司上一期的投资机会、资产负债率、现金存量、上市年限、公司规模、公司股票回报率以及上一期间公司投资支出等变量建立回归模型，回归计算预期公司的新增投资支出。该模型的残差则为预期新增投资与实际新增投资的偏差，即非预期投资，称非效率投资，如残差为正表现为投资过度，残差为负表

现为投资不足。

2.2 管理者非理性行为与企业非效率投资

传统的金融理论认为资本市场的有效性体现在支配公司资源的管理者以股东价值最大化为准则配置资源,即在管理者为"理性经济人"假设下投资于净现值大于零的项目。然而实际经营中常出现与管理者理性投资相悖离的过度投资、投资不足等行为,形成企业的非效率投资。究其原因,除了公司所有权与经营权分离(代理问题)、信息不对称等诸多客观因素外,管理者认知偏差是导致企业非效率投资的重要因素。现有研究结果表明,管理者的认知偏差主要有过度自信、嫉妒、风险偏好、从众跟风、乐观、短视等。本节从管理者过度自信、风险偏好以及从众行为几个方面进行文献梳理和评述。

2.2.1 管理者过度自信

管理者非理性行为的研究中,最为成熟的是管理者过度自信的研究,而管理者过度自信也是影响公司决策最主要和最重要的因素之一。许多实验证据表明,过度自信是人类非常普遍的一种心理偏差,人们往往过高估计自身所掌握的知识和技能,并且认为这些知识和技能对自己成功的贡献最大。

认知心理学实验表明,几乎从事各种职业的人都存在过度自信,特别是企业家或者公司管理者,作为社会的精英分子,他们更具有过度自信的倾向性和潜质,他们往往比普通员工表现出更为显著的过度自信倾向。其原因主要在于:一是优于平均效应,也就是说人们对自身的评价高于对他人的评价(Alicke, Klotz, Breitenbecher, Yurak & Vredenburg, 1995);二是自我归因偏差,即人们把成功的结果归功于自己的能力,而把失败的结果归咎于客观或他人等外在因素(Kennedy, Anderson & Moore, 2013);三是控制幻觉(Alloy, Abramson & Viscusi, 1981),指人们往往高估自己对不确定或不可控环境和事件结果的控制力;四是知识幻觉,认为人们预测的准确度往往会随其掌握信息的增加而增加(Zell & Alicke, 2010)。

管理学领域的研究也发现企业管理者的过度自信程度普遍高于一般大众,主要有以下表现:第一,企业管理者认为自己企业成功的概率大于别的企业成功的概率。第二,企业管理者往往非常乐观地低估设备投资成本或高估销量。管理者在投资决策时往往高估投资项目获得成功的概率,高估收益,低估失败的概率和项目成本。第三,企业管理者对相关资本市场持乐观态度,认为他们自己企业的股票被市场过度低估,进而不愿意通过增发股票来筹措资金。

从行为金融学角度,管理者认为人们通常易于过高估计自身所掌握信息的准确性(Roll,1986)。过度自信的管理者过于相信自身信息的准确程度,而忽视其他信息对决策的影响,从而高估自身的决策能力和规避风险的能力,高估公司决策所带来的收益(Ahmed & Duellman,2013),低估未来收益的风险(Malmendier & Tate,2015)。因此,管理者过度自信是指管理者高估自身决策能力而低估决策失败概率的心理特征,即管理者的一种高估公司未来业绩而低估未来风险的感知偏差。

过度自信的管理者(尤其是具有一定资历的高层管理者)往往会高估自己公司未来能创造的业绩,而低估未来可能面临的风险和成本。

1. 管理者过度自信的测量

对管理者过度自信进行精准量化是不可能实现的。目前学者们对管理者过度自信测量的方式主要是两种:一是用替代指标来度量,二是通过调查问卷的方式来测量(表2.1)。其中用替代指标来测量管理者过度自信是研究时采用的主流方式。

表 2.1 管理者过度自信的测量指标及量化方式

方式	主要代表作者	量化指标	具体量化依据
替代指标	Brown & Sarma(2007);姜付秀等(2009);梁上坤(2015)	高管薪酬相对比例	认为相对薪酬与管理者过度自信的程度成正比。CEO相比于其他企业管理者的薪资待遇越高,显示他们在企业中的位置也越重要,控制力越强,同时也越容易过度自信。
	Malmendier & Tate(2005);Hsieh,Bedard & Johnstone(2014);Malmendier & Tate(2015)	股票期权与持股数量	持有股票期权的管理者在标准行权期内没有行权,管理者对公司未来的业绩保持乐观且持有股票期权至期满(一般为10年),管理者习惯性增加公司股票的持有量。若至少出现一种上述表现,表明该管理者是非理性的,存在过度自信特征。

续表

方式	主要代表作者	量化指标	具体量化依据
替代指标	Ben-David, Graham & Harvey (2007); Voon, Lin & Ma (2016); 李葳、沈颂东 (2020)	企业财务盈利预测偏差	当管理者预测的盈利大于实际盈利、预测为盈利实际为亏损、预测盈利上升而实际盈利下滑等，便视为管理者过度自信。
	Brown & Sarma (2007); Malmendier, Tate & Yan (2011); Kang, Kang & Kang (2018)	外界评价或管理者主动曝光次数	新闻界或主流媒体对CEO或高层管理人员在做出投资决策时的评价信息常被描述为"自信的""乐观的"等，则视为过度自信。高级管理者主动举办或参加的媒体访谈、论坛发言、记者招待会、宣传会等的次数也可判断管理者的自信程度。
	Ji & Lee (2015); 余明桂 (2006); Voon et al. (2016)	企业景气指数	国家统计局网站定时公布的企业景气指标，范围在0～200，学者们以100为临界值，当超过100时，视为过度自信。
调查问卷	Busenitz & Barney (1997); Forbes (2005); Sartori, Ceschi & Scalco (2014)	一般知识问题测量过度自信	用以下调查题项通过量表来确定是否过度自信：我觉得我有很多优点；我对自己抱肯定态度；总括来说，我觉得我是一个成功者；我对自己感到满意；我有一套处理信息的工具；我获取的信息可靠性高；等等。
	Friedman (2007)	用心理学研究中的自陈问题来测量过度自信	用以下关于心理研究中的自陈问题通过量表来确定是否过度自信：我将在新的工作任务中取得成功；我达到我自己设定的目标；当遇到阻碍时，我也会成功；我能从容处理自己面对的压力；我的第一印象往往被证明是正确的；等等。

注：本表系作者自行整理。

总之，由于调查问卷获取的数据具有一定的时效性，因此学者们较多地选择替代指标来衡量管理者过度自信，除上述替代指标外，还有 Doukas &

Petmezas（2007）采用并购频率，王晓燕、柳雅君（2021）等采用管理者个人特征、管理者的投资决策等来衡量管理者过度自信。另外，张明等（2019）以CEO对并购的相关演讲词和陈述作为分析文本，使用文本分析软件对过度自信进行测量。

在上述常用的替代指标中，虽然一般认为管理者相对薪酬越高则管理者过度自信程度越高，但"高管薪酬相对比例"这个指标在计算薪酬时未考虑管理者的权利、利益、隐形收入等因素，因此具有一定的局限性；"股票期权与持股数量"这个指标也无法准确地度量管理者的过度自信程度，因为管理者持股的多少或变化有可能是公司实施股权激励导致的，并非管理者过度自信地自己主动增加持股导致的；对"外界评价或管理者主动曝光次数"这个指标具有一定主观性，且数据较难获取，可能存在统计误差；而"企业景气指数"这个指标是行业数据，无法反映每个企业管理者过度自信的具体情况。只有"盈利预测偏差"这个指标相对其他指标，逻辑上容易理解、数据容易获取、统计误差也较小（当盈利预测的数据大于实际数据时，管理者就表现出其过度自信心理。预测数据大于实际数据的幅度越大，管理者过度自信的程度就越高）。因此，"盈利预测偏差"这个指标作为过度自信的替代指标目前运用较为广泛。中国学者姜付秀、张敏和陆正飞（2009），黄莲琴和杨露露（2011），叶玲和王亚星（2013）等都采用这一方法来测量管理者过度自信。

本书借鉴 Voon, Lin & Ma（2016）和李葳、沈颂东（2020）等的方法，采用盈利预测偏差法来判定管理者是否过度自信。将上市公司每年年报盈利预测的利润净增长率大于实际盈利净增长率的情况视为该公司的管理者处于过度自信状态；相反，则判定为该公司管理者处于非过度自信状态。

2. 管理者过度自信与非效率投资的文献综述与理论基础

过度自信理论放弃"理性经济人"假设，以管理者过度自信这一常见的心理特征为突破口，研究对企业投资决策和投资效率的影响。继 Roll（1986）提出管理者自大假说后，大量学者开始重视过度自信对公司决策的影响，包括对公司投资、筹资、股利分配、并购、多元化决策等各个方面的影响。学者们对管理者过度自信引发企业非效率投资的研究，首先以研究 CEO 的过度自信行为为主，后来将管理者扩展至除 CEO 外，包括 CFO、董事、监事在内的过度自信群体（Glaser, Langer & Weber, 2013; Glaser & Weber, 2007）。

Camerer, Loewenstein & Rabin（2011）认为，过度自信的管理者具备内心强大、百折不挠的优秀品质，但他们通常"狂妄自大""自以为是"，往往过

于自信而使企业暴露在巨大风险之下。Heaton（2002）提出的基于管理者过度自信的投资异化模型，将管理者过度自信、自由现金流结合起来，推导出在不同的自由现金流下，管理者过度自信会导致过度投资和投资不足。也就是说，管理者因过度自信往往会高估投资收益，忽视投资风险，从而更容易导致投资决策失误。Baker & Wurgler（2013）认为，管理者由于过度自信的局限性，通常设置一些高于实际的目标，导致企业业绩受损；Malmendier & Tate（2015）也认为，过度自信管理者可能会实施较多有损企业价值的投资，比如过度投资等。侯巧铭、宋力和蒋亚朋（2017）认为，管理者过度自信和其代理行为会导致企业非效率投资，并且在企业成长和成熟阶段，管理者过度自信与企业非效率投资呈显著正相关关系。

Kang et al.（2018）研究指出，管理者过度自信就单方面看对企业的投资和价值有负面影响，但如果从多方面看，比如结合管理者的短视偏差或管理者的风险偏好来看，管理者过度自信可能对企业的投资产生正面影响。这一论断在本书的实证研究中得以进一步证实，当管理者过度自信和风险偏好行为结合在一起时，管理者风险偏好对企业的投资就有产生正面影响的趋势。

管理者过度自信还会改变企业现金流的收益与成本，从而导致企业投资行为扭曲。过度自信的管理者认为外部市场通常低估企业价值，外部融资尤其是股权融资的成本过高，因此他们较少使用外部资金，相比其他管理者会限制企业从外部获取资本，较少对外增发股票来融资（Malmendier et al.，2011）。在企业内部资金充足时，管理者往往使用较低的折现率，从而高估项目的折现收益，低估预期风险和成本，导致企业投资过度；当企业内部资金有限时，管理者的过度自信对企业原有的过度投资行为有一定的抑制作用。

综上所述，学术界普遍认为，管理者的过度自信会给管理者自身带来好处，这种个人特质也有助于企业的发展，但这一认知偏差不仅影响企业的管理活动，还与企业的投资水平存在明显正相关关系，一定程度上会引发配置效率低下的投资行为。

由于自我归因的认知偏差，管理者过于相信自己的判断和能力，会采用比较低的折现率，高估投资回报，低估投资风险，会认为一些净现值小于零的投资项目值得投资，从而导致企业投资过度。越是过度自信的管理者，越容易造成企业投资规模增加，过度投资行为越严重。并且过度自信的管理者往往会高估好绩效发生的可能性，高估公司的市场价值，认为外部市场低估了本公司的内在价值，当企业资金不充足的时候，他们会因为高估外部融资成本，而不愿意进行外部融资，可能会放弃一些净现值大于零的投资项目，导致公司投资不足。其理论实现路径如图 2.1 所示。

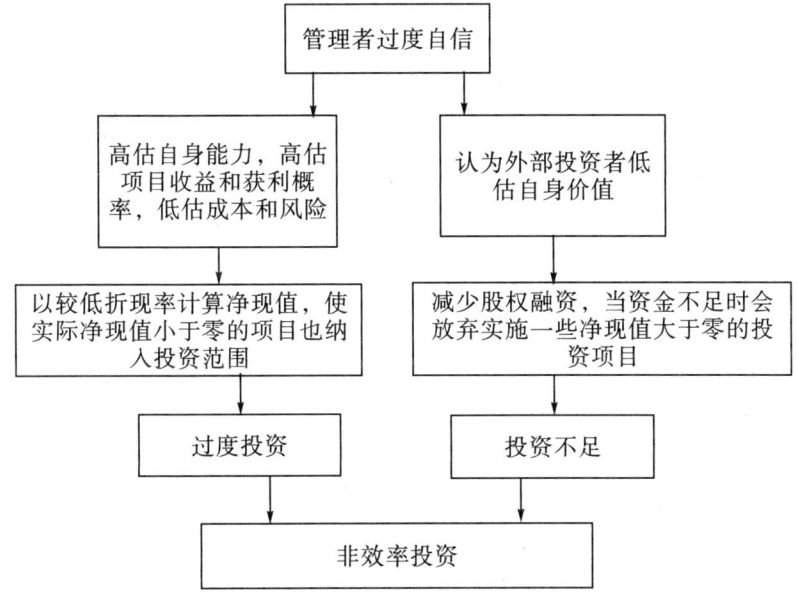

图 2.1　管理者过度自信影响企业非效率投资的理论路径

2.2.2　管理者风险偏好

在行为金融学和实验经济学得以迅速发展的今天，管理者个体风险偏好的研究也逐渐成为热点。行为金融学认为，管理者在进行投资决策时，由于面对大量不确定性因素，通常会表现出具有差异的风险偏好。

偏好是行为主体固有的对特定对象的喜好程度或价值判断，是一种相对性的个体特质，表现形式为非理性的主观意识。而它作为人的一种个体特质或习性，会影响人的行为动机和决策行为。

风险偏好是决策主体为实现一定目标而保持的对风险的态度，或者是其愿意承受风险的大小，其本质是一种行为主体的个体倾向。广义的风险偏好是指公司在实现预期目标的过程中所能接受的风险的数量，而狭义的风险偏好是指个体在处于风险所导致的不确定性环境下所表现出来的态度（Muljawan, Dar & Hall, 2004）。不同的决策者对待风险的态度存在显著的个体差异。风险偏好可分为风险喜好、风险厌恶和风险中性三种类型（Parrino, Poteshman & Weisbach, 2005）。

一般认为，个人的风险偏好在一定时间内会保持相对稳定性，但也有学者认为，决策者的风险偏好程度并非稳定不变，因为自身的情绪、感觉等因素会

影响决策者对于风险的态度和认知,在特定时间和特定情境下决策者的风险偏好也会发生转变。

管理者风险偏好是指管理者进行投资选择过程中,面对投资收益和风险,所表现出来的对待风险的态度趋势,即企业管理者能够容忍且愿意接受的所投资项目的风险程度。在面对各种不确定性因素进行决策时,管理者往往表现出具有差异性的风险偏好。

本书将管理者风险偏好定义为狭义的个体倾向,即企业管理者为实现特定目标而持有的对待风险的态度,或愿意承担风险的大小。

1. 管理者风险偏好指标的测量

管理者风险偏好指标同样很难进行量化。现有文献主要有四类测量方法:第一类采用绝对风险厌恶系数(Decreasing Absolute Risk Aversion,DARA)和相对风险厌恶系数(Decreasing Relative Risk Aversion,DRRA)来度量管理者风险偏好程度(Kimball,1993;Levy,1994);第二类利用通用的测定风险偏好水平的量表或调查问卷形式来度量(Ross,2004);第三类使用影响管理者风险偏好的因素来度量,比如个人特征包括性别、教育水平、财富状况、婚姻状况、管理者任期等因素(Cassio,Ruth,Huffman & Sunde,2010)。结合薪酬结构及管理者个人特征变量,也可构建管理者潜在风险偏好指数(PRPI)的综合指标来衡量风险偏好程度(Charness,Gneezy & Imas,2013)。第四类使用自定义变量作为替代指标来度量,常见的替代指标有"个人风险资产占总资产比重的波动性"(Moers,2000)、"个人风险资产占个人总资产的比重"(Chen,Sun,Tang & Wu,2011)、"企业风险资产和非风险资产的比重"(Walls & Dyer,1996)和"财务杠杆"(Cain & McKeon,2016)等。

学者们普遍认为,用自定义的替代指标来度量管理者过度自信更直观简单,且可操作性较强,数据收集和处理相对容易。尽管其中有些自定义变量的选择值得探讨,但仍然是许多学者优先考虑的方法。因此本书借鉴目前较为常用的替代指标——"个人风险资产占总资产的比重"来度量。该指标的原理为:个人的风险偏好与个人的财富收入的构成有显著相关关系(Moers,2000),一般来说管理者个人的财富收入包括薪酬和公司股价波动带来的收益两部分,其中"薪酬"是相对稳定和安全的收益,而公司股价波动带来的收益是相对有风险性的财富,称为"权变报酬",权变报酬会随公司股价的波动而变动。当管理者财富中权变报酬比例增加时,管理者会更加偏好接受和容忍较大的风险,这是因为管理者所持有的股票价值会随着公司股价的变动而获得收益。管理者的"权变报酬"在其财富收入中所占比重越大,其风险偏好程度越高。因此本书采用企业管理者财富收入中"权变报酬"所占比重来衡量管理者的风险偏好程度。

2. 管理者风险偏好与非效率投资的文献综述与理论基础

管理者是企业经营决策的制定者和执行者,因此企业的投资决策不可避免地受管理者风险偏好的影响,不同风险偏好的管理者会选择不同的折现率而做出不同的投资判断。Bromiley,McShane,Nair & Rustambekov(2015)指出,厌恶风险的管理者往往会更加谨慎地选择低收益的投资项目,并且越是厌恶风险的管理者越是倾向选择风险下降的项目。Kremer,Lee,Robinson & Rostapshova(2013)认为相比风险规避型的管理者,那些风险容忍程度高的管理者所在企业的投资规模更大,发展也更快。Tanaka & Sawada(2015)实证得出,在老挝的服装企业中,风险厌恶的管理者倾向于使用自己的资产或留存收益,而不是从银行或非正式渠道借款,并且风险厌恶型的管理者使企业的总投资额低于那些风险喜好型管理者的企业。Cain & McKeon(2016)指出,管理者的风险偏好程度与企业风险和公司总体风险承担相关,CEO的风险偏好程度影响企业的财务杠杆以及收并购政策,最终影响公司的资源配置。Faccio,Marchica & Mura(2016)还通过实证得出,CEO为女性的公司比CEO为男性的公司具有较低的资产负债率和较低的权变收益,当然,也拥有较高的生存机会。但研究也指出女性CEO的这种避险行为导致公司的投资效率较低,资本配置扭曲,这可能对长期经济增长具有潜在的不良影响。

对中国股市的研究文献普遍认为风险偏好型的管理者更倾向于增加投资,容易出现过度投资倾向;而风险规避型管理者更加注重稳健保守的投资策略,容易出现投资不足。龚光明和曾照存(2014)用中国股市2007—2011年上市公司经验数据,研究发现风险偏好型管理者会更加倾向于增加投资,风险规避型管理者则会更加注重寻求稳健保守型的投资策略。崔斐斐(2013)发现中国民营上市公司的管理者风险厌恶程度要高于国有上市公司,并且当管理者风险厌恶程度越大公司负债率越低。包兴(2015)认为,在需求异常扰动发生概率、扰动分布参数以及柔性扩张系数的影响下,风险中性和存在损失厌恶行为的管理者在柔性能力投资决策上存在明显的差异,采取补贴或惩罚机制可以改善损失厌恶管理者的柔性能力投资决策偏差。潜丽清和梁飞媛(2015)用中国A股财务数据实证得出,管理者风险偏好水平对企业的投资有正向促进作

用,且管理者风险偏好程度越高企业的投资效率越低。陈菡(2018)实证得出管理者的风险偏好会通过降低公司投资-现金流的敏感性而影响企业的投资效率,企业管理者偏好风险的这一非理性行为在货币紧缩时表现得更明显。

综上,关于管理者风险偏好对企业投资效率的研究,本书赞同现有文献的观点:风险偏好的管理者会倾向增加风险投资,容易使企业投资规模加大,导致投资过度;风险规避的管理者投资时更为谨慎,容易忽略掉一些净现值大于零的投资项目,极易导致企业投资不足。

本书认为,在研究企业管理者的风险喜好水平对企业投资的影响时,应结合管理者的其他心理因素产生的共同影响来研究,因为管理者可能同时存在不同的非理性心理。一个风险偏好的管理者,在决策时其自信程度不同,对非效率投资的影响也不同(Kang et al.,2018)。比如:过度自信的管理者的风险偏好程度会更高,对企业非效率投资的影响程度会更大。因为过度自信的管理者相信自己强于别人,如果投资于别人不敢冒险投资的项目和领域,更能体现自己的过人之处,因此他们在决策时更倾向于一些高风险高收益的项目,并且使用更低的折现率来衡量风险投资项目的净现值,认为一些净现值小于零的风险项目也是值得投资的,导致企业风险决策增多,投资规模加大;如果这些风险投资项目最终成功了,那他们在投资决策反馈时,会更加肯定自己的能力,在后续决策时会更加相信自己的判断和决策的准确性,加大自己对风险的承受程度,从而进一步加大风险决策,增加投资规模,使企业过度投资扩大化。当然如果风险投资项目最终失败了,过度自信的管理者会认为是外界环境的不确定性导致的,与自己的能力无关。

当管理者处于非过度自信状态时,一定程度上会缓解企业非效率投资的扩大。因为当管理者对自己的能力和对成功概率的判断不够过度自信时,往往可能选择较为保守的投资策略,形成企业投资不足;而此时如果管理者具有适当的风险偏好水平,他们会冒险选择一些风险高收益也高的项目进行投资,一定程度上减少企业的投资不足,降低非效率投资。其理论实现路径如图2.2所示。

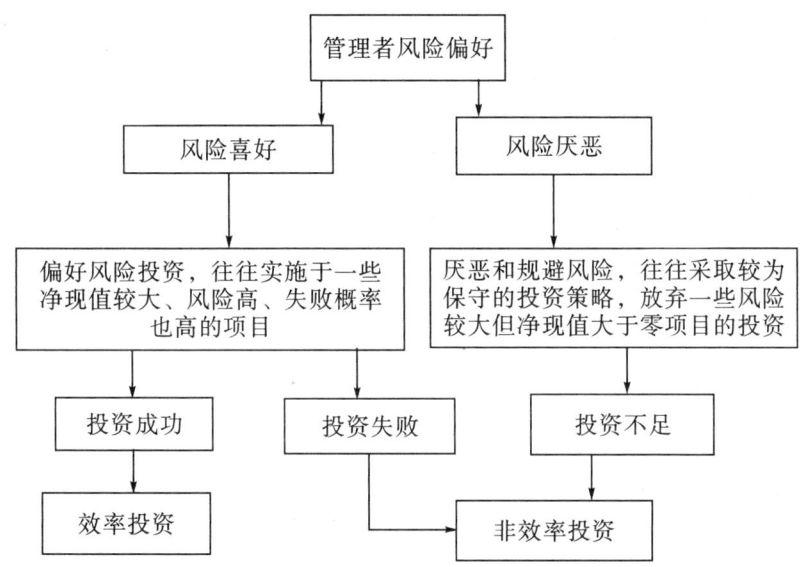

图 2.2 管理者风险偏好影响企业非效率投资的理论路径

2.2.3 管理者从众行为

管理者从众行为也称管理者羊群行为,即管理者在进行投资时容易形成盲目跟风和模仿他人的投资行为。Holmes,Kallinterakis & Ferreira(2013);Robert J. Shiller(1995)将从众行为定义为:一种群体中相互影响使个人之间趋于一致的思考方式和行为方式。已有文献认为管理者从众行为多是考虑管理者的跟随战略的实施(Chang,Chaudhuri & Jayaratne,1997)。管理者采取从众行为的目的在于,避免自己决策失误应承担的责任和带来的后果,如果选择与人相同的策略导致投资失败,可以将责任推卸给他人(Robert J. Shiller,2003)。本书也认为管理者从众行为是管理者在面对外部环境信息不确定的情况下,为避免声誉受损和避免承担责任而采取的一种随大流的、盲目跟随其他投资者投资的决策行为。

1. 管理者从众行为指标的测量

人的心理过程是很难用指标进行量化的,对于管理者的从众行为,学者们大多是寻找一种替代指标来量化。目前已有研究大多采用一种反向思维,即由从众投资这一非理性投资行为出发,探寻其发生的内在诱因,通过内在诱因反映出来的财务指标来量化从众行为。当一个企业对外投资时,管理者会考虑与自身同状况的其他企业的投资行为,然后再做出投资决策。已有文献采用固定

资产差额、投资增长率变量、总资产周转率等作为管理者从众行为的替代指标（Jain & Gupta，1987）。

但这些指标用来衡量管理者从众行为有一定的局限性。对于"固定资产差额"这一替代指标，虽然固定资产能反映企业生产能力，是企业利润的重要来源，但固定资产的变化不一定全是管理者采取了从众行为而发生的，并且用绝对数据来表示也忽略了各个企业原始规模的差异；"总资产周转率"这个指标是评价企业的经营效率和质量的指标，虽然可以检验投资前后企业的变化，但这种变化也并不全是管理者采取从众行为导致的。

许多学者提出用企业投资水平和行业平均投资水平的偏离程度来衡量管理者的从众行为，这一替代指标被后来的学者广泛借鉴（武艳，2016）。本书也利用这种方法来测量管理者的从众行为。如果企业自身的投资水平偏离行业平均的投资水平越远，说明企业投资行为与行业的投资差异越大，企业并没有跟随大众进行投资，其管理者的从众投资程度越小；如果企业的投资水平与行业平均投资水平相差不大，说明企业投资行为与行业的投资差异小，企业管理者在投资时观察和模仿大多数企业的投资行为，其从众投资程度大。因此将"企业投资水平与行业平均投资水平的偏离程度"作为管理者从众行为的替代指标具有一定可靠性，且易于理解和计算。预计这种方法将成为之后学者们研究管理者从众行为的主流测量方法。

2. 管理者从众行为与非效率投资的文献综述与理论基础

受社会心理学的启发，目前关于从众行为的理论基础主要包括"基于声誉的从众理论""不完全信息理论"和"基于薪酬结构的从众理论"。

"基于声誉的从众理论"是指 Scharfstein 和 Stein 于 1990 年提出的"声誉从众"模型。该理论模型认为，从众行为是人们为了维护自己的声誉而忽略自己的决策信息和判断，盲目地跟随或模仿别人的一种行为。这种行为违反了贝叶斯后验分布规则，即管理者出于顾及自己声誉的考虑，宁愿跟随大众进行投资，即使大众的投资决策是次优的投资决策，他们也不愿意偏离大众，目的是用市场为其提供评价的标杆（Scharfstein & Stein，1990）。Hong（2006）用英国的数据研究得出：管理者的声誉与从众投资行为正相关；由于企业的声誉受社会关注度较高，也受到较为严格的监管，管理者为了维持企业良好的声誉，往往具有更强的从众动机。叶蓓等（2008）用中国数据研究也得出，管理者的声誉越高，企业的从众投资倾向越严重。

"不完全信息理论"的主要思想是由 Devenow & Welch（1996）和

Bikhchandani & Sharma（2000）分别提出的。他们认为信息层叠产生羊群行为，在不完全市场中，信息的获取具有不对称性，管理者无法无偿获取所有有效的决策信息，当获取决策信息的成本过高或很难获取时，为节约成本，管理者容易放弃自己掌握的不完全信息，而跟随多数人的决策。在管理者缺乏信息量时，模仿他人的行为能够节约自己搜索和加工处理信息的成本（Bikhchandani et al.，1992），因此管理者就容易采取模仿他人的从众行为。

"基于薪酬的羊群理论"是由 Maug 和 Naik 在 1995 年提出的。他们认为：股东经常采用与其他管理者的相对绩效来确定管理者的薪酬，而管理者会为了缩小自己和其他管理者的相对绩效差距，采取跟随其他管理者的决策行为进行投资。管理者从众投资行为的先行条件是基准管理者的先行行动，管理者在观察到基准管理者的决策行为后再行动。管理者的这种从众投资行为，会促使他去缩小相对绩效的差距，从而稳定自己的薪酬收入。

目前对从众行为的研究，大多数学者主要对资本市场（绝大多数是股市）从众跟风投资进行研究，而对管理者经营投资决策的从众行为研究较少。Keynes（1996）研究认为，如果从实现自身利益最大化的角度来说，管理者的从众行为是一种个人的理性行为。但这种个人层面的理性行为可能导致市场和经济中重大信息和福利的损失。从宏观集结层面看，这种行为属于非理性范围，会带来投资无效率。管理者的从众行为偏差可能会对企业价值产生不良影响（Li，Kauffman，Yu & Zhang，2014）。在信息和市场环境不确定时，管理者倾向于采取与其他管理者相同的投资决策，以规避自己决策失败时导致声誉受损，或避免因失去机会而被认为是"傻瓜"（Luo，2015）。许多实证研究都认为，虽然跟风从众既可以节约成本、减少风险，还可以保护管理者的声誉，但这种行为可能会带来更多的无效投资（Bikhchandani et al.，1992；Hirshleifer，Hou & Teoh，2004；Yun-sun & Hye-kyoung，2016）。

管理者投资时的从众行为源于管理者对行业中其他管理者投资行为的模仿。赵冉、李洪业（2018）用中国上市公司数据分别从行业和企业两个层面检测得出，中国上市公司管理者在投资时也存在羊群行为。有学者研究得出，这种从众行为会恶化行业绩效，认为管理者的盲目从众投资程度越高，投资效率会越低；在不考虑产业政策情况下，管理者从众行为会毁损企业价值；考虑产业政策因素，产业政策对企业的引导和扶持会降低管理者从众行为对企业价值的毁损程度。中国学者通过定性和定量地方法研究管理者投资决策的从众行为，均普遍认为这种行为不仅受管理者声誉、薪酬和信息（熊智、周雪，2011）的影响，而且还受管理者能力、产权性质和企业规模（程新明，

2012)、管理者的个人心理特征和经历背景（张敦力、江新峰，2015）等的影响。

通过对现有文献的梳理发现，目前关于管理者从众行为的研究，更多地采用一种逆向分析角度，即从分析产生从众行为的心理机制和特征出发，分析管理者从众的投资决策行为产生的根源，以及实证分析该行为产生的经济后果。本书赞同前人的观点，当管理者面对不确定环境因素时，对其产生从众行为心理的动机包括维护管理者自身声誉、减少管理者信息搜集成本、管理者害怕后悔、推脱责任等，这些心理很容易让管理者产生群体思维，采取跟随他人决策的非理性行为。由于被模仿管理者的投资方向、投资规模等并不一定适合自己企业的实际情况，因此盲目地跟随其他企业的投资决策，会导致自己企业的投资效率下降，非效率投资增多。其理论实现路径如图2.3所示。

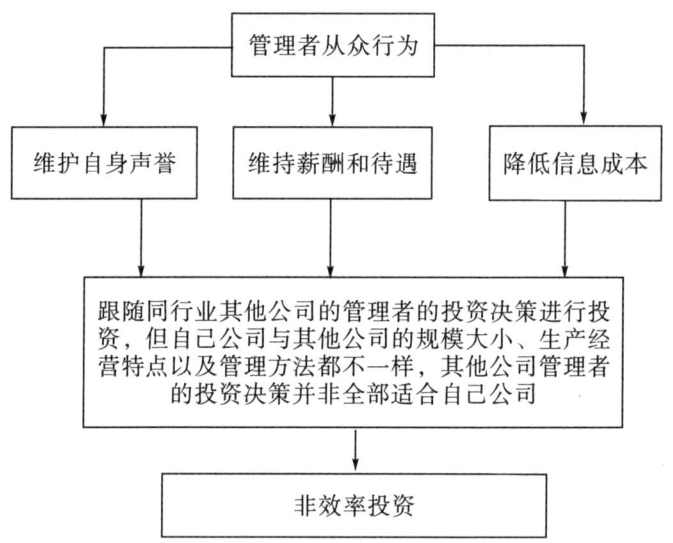

图 2.3 管理者从众行为影响企业非效率投资的理论路径

本书同时还认为，对于过度自信与非过度自信的管理者，其从众行为对非效率投资的影响程度是有差异的，非过度自信的管理者对企业非效率投资的影响要大得多。因为非过度自信的管理者对自己能力不过度自信，更容易产生群体思维，做出从众决策，选择跟随大众投资的投资决策。他们跟随别的企业进行投资时，会高估成本，低估收益，高估失败的概率，采取较为保守的策略，可能因此而错失一些净现值大于零的投资机会，导致投资不足（Pikulina, Renneboog & Tobler, 2017）；同时也可能因为忽略自身的决策信息而盲目跟随别人投资，投资于一些净现值小于零的项目。所以本书认为，管理者从众行为影响企业非效率投资，并且非过度自信的管理者的从众行为对非效率投资的影响更为严重。

2.2.4 管理者非理性行为对企业非效率投资影响的研究假设

综上所述，管理者自身心理偏差导致的非理性表现形式较多，并且很有可能在决策时同时表现出来。前人在研究管理者的非理性行为时大多仅针对某一种表现形式进行研究，本书将管理者最为常见的三种非理性行为（过度自信、风险偏好以及从众行为）放入同一模型中，研究这三种非理性行为对企业非效率投资的综合影响。

另外，由于管理者过度自信在实际决策中表现得最为普遍，现有文献对管理者过度自信研究得最为透彻，因此本书将总样本划分为管理者过度自信和管理者非过度自信样本，研究在子样本下的管理者风险偏好和从众行为相互作用对企业非效率投资的影响，提出如下假设：

假设1：管理者过度自信、管理者风险偏好以及管理者从众行为均与企业非效率投资显著正相关。

假设1-1：管理者过度自信时，其风险偏好与企业非效率投资正相关，其从众行为与非效率投资也正相关；

假设1-2：管理者非过度自信时，其风险偏好与企业非效率投资负相关，其从众行为与非效率投资正相关。

2.3 投资者非理性行为与企业非效率投资

本小节在介绍有限理性理论的基础上，分别分析投资者非理性行为对股价波动、股份波动对企业非效率投资，以及投资者非理性行为对企业投资行为和投资效率的影响，其中用托宾 Q 值推导股价波动对非效率投资的影响，并在前人的理论基础上，构建带约束条件的非线性规划模型，推导投资者非理性行为对理性管理者投资决策的影响。

2.3.1 金融市场相关理论基础

1. 有效资本市场假说

行为金融理论是在传统金融理论基础上发展而来的。传统金融理论认为市

非理性行为、股价波动与企业非效率投资的关系研究

场无摩擦且投资者的行为属性完全理性,称"有效市场理论"或"有效市场假说"。对"有效市场假说"的研究最早起源于20世纪初,法国数学家Louis Bachelier提出用数字统计的方法研究股票收益率,研究悬浮在液体或气体中的微粒的无规则运动以及股价变化的随机性,认识到市场在信息方面的有效性,认为过去、现在的甚至将来的事件的贴现值均反映在市场价格中。Eugene Fama于1970年正式提出并深化了"有效市场假说"。

该假说是在完全理性假设基础上,认为市场是追求完全竞争均衡思想的完全竞争市场。有效市场基于以下假设:首先,市场是无摩擦的、有效的,市场上的所有信息都被充分披露,每个市场参与者都能获取到披露的所有信息,且这些信息在发布和被获取没有时间的先后性。其次,每个市场参与者可以低成本或零成本地获取任何信息。再次,市场参与者大多是理性的,他们以追求自身收益最大化为目标,并且所有参与者对股票价值的预期和评价不参考其他参与者的想法和行为,大家对价格的预期是同质的。最后,市场参与者对市场披露的新信息会在第一时间内做出比较全面的反应,这些反应也会第一时间在股票价格上反映出来。

在这样的假设基础上,有效市场理论认为:在证券市场上,信息以随机的、独立的方式进入市场。面对公布的新信息,市场价格调整通常是独立的。证券价格的变动是市场对各种信息做出的反应,因此价格的每次新变动也是独立的,与上一次变化没有必然联系。市场参与者的买卖行为均以其收益最大化为目标,各自独立地互不干扰地对证券价格进行本能的、理性的分析和评价。市场参与者能敏捷准确地预期新信息对未来价格的影响。由于参与者能够迅速、准确地调整买卖价格,市场对新信息的反应速度足够快,因此参与者不能获得异常收益,证券的买卖只能获取风险调整的平均市场收益。证券价格能够充分地反映投资者可以获得的所有信息。

Fama(1970)在预期理论的基础上定义有效市场,其公式如下:

$$E(P_{j,t+1}/\theta) = [1 + E(r_{j,t+1}/\theta)]P_{j,t} \qquad (2-1)$$

其中,E为期望,$P_{j,t+1}$为证券j在$t+1$时刻的价格,θ为信息集。

该公式表明无论预期值如何,信息集θ在形成均衡收益时已经得到了充分利用,均衡价格$P_{j,t}$已经完全反映信息集θ的所有信息。因此,市场是完全有效的。换句话说,投资者在有效市场中,无论选择用哪种方法和选择哪种证券,最终都只能获得与投资风险相对应的回报,而不可能获得或持续地获得超额回报。

根据信息集θ所包含的信息内容不同,有效市场归为三类:弱势有效市场、半强势有效市场和强势有效市场。如果把信息集 θ 所包含的信息分为三类：一是历史信息，主要包括股票的成交价、成交量、资金流向、卖空金额、融资金额等已由市场生成的、过去的信息。二是公开信息，主要包括公司已公开的有关营运前景信息、盈利资料、盈利预测、管理状况、股利分配方案及其他公开披露的财务信息和非财务信息。三是内幕信息，主要指公司内部未公开的信息。对市场参与者来说，这三种信息分别对应三种不同的分析交易策略——历史信息对应技术分析、公开信息对应公司基本分析、内幕信息对应内幕交易。

在弱式有效市场上，市场价格仅能充分反映出过去历史的证券价格信息，即仅反映和消化历史信息，市场参与者的技术分析无效，但其基本分析和内幕交易是有效的，可以帮助市场参与者获得超额利润。

在半强式有效市场上，市场价格已充分反映所有已公开的有关公司前景、管理现状、盈利现状及预测等财务和非财务信息，即市场已完全消化了历史信息和公开信息，因此市场参与者的技术分析和基本分析无效，但内幕交易有效，所以市场参与者只能通过内幕交易才有可能获得超额利润。

在强式有效市场上，市场价格已充分反映关于公司的历史信息、公开信息和未公开的内幕信息，市场参与者的技术分析、基本分析以及内幕交易均无效，没有任何投资者可以通过任何信息而获得超额收益。

简而言之，市场能完全有效反映哪种信息，哪种信息所对应的分析和交易策略就无效。半强式有效市场比弱式有效市场多反映了公开信息，所以在弱式有效市场上有效的基本分析在半强式有效市场上无效。

可见，"有效市场假说"实际上意味着"天下没有免费的午餐"，世上没有唾手可得之物。在一个正常的有效率的市场上，每个人都别指望发意外之财，所以花时间去看路上是否有钱好拣是不明智的。当然，"有效市场假说"只是一种理论假说，实际上，并非每个人总是理性的，也并非在每一时点上信息都是有效的。有效市场假说为证券价格的形成机制提供了理论基础，为整个证券市场理论乃至金融经济学的发展奠定了基础。资本资产定价模型（CAPM）、套利定价理论（APT）以及期权定价模型（OPT）、多因素模型等等一系列经典理论，都是在有效市场假设之上建立起来的。

2. 行为金融理论

近年来金融市场上的诸多异常现象的出现根本无法使用传统金融理论来分析，这些异象包括股权溢价、小公司效应、日历效应以及羊群行为等，这些现

象均与有效市场假说相悖。大量异象无法得到合理解释，使学者们对传统金融理论心生质疑。传统金融理论认为市场参与者做出任何行为时都基于完全理性，然而在实际经济中市场参与者完全理性的决策行为是不存在的。因此，越来越多的学者开始质疑完全理性假说和有效市场假说的正确性，开始关注人的心理、情绪、行为特征对投资的影响，并运用心理学研究手段来分析金融现象，行为金融理论由此产生。

行为金融理论，是金融研究与心理学、行为科学等学科知识相结合的产物，力图揭示金融市场的非理性行为和市场参与者决策规律，认为证券市场的资产价格并不仅仅由证券内在价值所决定，很大程度上还受市场参与者主体行为的影响，即投资者的心理和行为对证券市场价格的确定及其变动具有重要的影响（Gilovich, Griffin & Kahneman, 2002）。

行为金融理论有以下几个不同于有效市场假设的基本假设：

第一，市场参与者为有限理性人（Simon, 1955）。行为金融理论修正了完全理性假设，指出人的行为属性是有限理性的，现实生活中人根本做不到真正意义上的彻底理性，也并非完全以个人利益最大化为目标。个人的认知偏差和局限构成了非理性决策驱动因素，往往会出现系统性错误而偏离经济学的最优行为假定模式。人的能力是受限制的，其理性必定受到某类特定条件的约束。

有限理性一般包含两层涵义：一是复杂而不确定的环境是经济活动中个体要经常面对的，信息缺失是一种常态；二是人的能力是有限的，受到有限理性的约束，人们往往不会追求最优效果，而是达到自己所满意的效果时就选择终止。

有限理性还有一层含义是，在有些时候获取信息、分析信息和制定最优决策的成本太高，"经济人"只能追求次优的难得糊涂。这在博弈论中有一些解释和应用，因为复杂博弈难以在大多人脑海中推算和演绎，最优的纳什均衡解要么不存在、要么不稳定、要么太复杂算不出来、要么没有足够时间去判断，最终大多数人只能依据社会习俗、通用规则和惯例、自身经验来做出决策。所以社会活动中形成的道德诚信、偏见歧视、利他主义、思维定式等都会对自身的行为决策产生影响，例如股市动荡可能不仅是企业经营状况变化导致的，还可能是投资者诸如过度自信、过度悲观、反应过度、反应不足、非理性情绪、跟风行为等心理因素和行为特征等导致的（Daniel & Titman, 1999）。

第二，市场非有效（Shefrin, 2001）。首先，投资者对信息的概率分布和预期结果是无法判断且不同质的，正是因为人们对同样信息的不同理解并对自身判断力的自信导致了贝叶斯法则的失效。在行为金融学中，有限理性代替了完全理性，投资者的行为在绝大多数情况下是非理性的。人们在风险偏好方面、决策预期水平和信息处理能力上都是不同的，心理因素和外部环境约束等条件的变化都是造成投资者决策改变的因素，导致决策时出现直觉偏误、错误锚定等行为现象，使得他们制定出来的方案未必是最优的，甚至是相互矛盾的（Thaler，Kahneman & Knetsch，1991）。

第三，人们并不只是偶然偏离理性（Shiller，2003），而是经常以同样的方式偏离，形成一种常态。当交易者不是以随机状态进行交易，而是在一定时期内都试图采取同一方向的交易策略，这种非理性的交易行为（也称噪声交易者行为）就具有一定的社会性（Shiller，1987）。

第四，行为金融理论认为现实中的套利不仅充满风险，而且作用有限（Brav，Heaton & Li，2009；Daniel & Titman，1999；Shiller，1987；Thaler，Kahneman & Knetsch，1991）。套利者可动用的资源会受到风险回避、有限操作时间和替代资产难题的限制和约束。套利者在交易过程中还会受到大量非理性噪声交易者的干扰，导致套利可能会使股票价格更多偏离其基本价值；此外，市场摩擦所产生的交易成本也使得套利的有效性大大降低。由于存在上述情况，非理性的噪音交易者实际上可以获得比套利者更高的收益。

行为金融理论基于行为人视角解释和分析市场现象，充分考虑市场参与者心理因素的多样性及复杂性，弥补了传统金融理论关于行为人完全理性和市场完全有效假设的缺陷。行为金融学认为，不管是投资者还是管理者做出的每一次投资决策都有其主观认知和客观条件两方面的因素，即在面对每一个市场行为时都同时用到了感性和理性两种思维方式。在分析一个微观的、具体的投资行为时，可以建立感性与理性综合考量的心理预期基础。在分析过程中，可以把技术分析作为对主观因素的分析，把基本分析作为对客观因素的分析。

行为金融理论认为市场上投资者对信息的概率分布和预期结果是无法判断且不同质的，他们的判断行为不能在每一种环境下都清楚地计算出得失和风险概率，往往受到个人偏好、社会规范、观念习惯的影响，不总是理性的，也并不总是规避风险的，其决策不一定能实现期望收益最大化。在不确定条件下，最终结果的效用水平是通过投资者对各种可能出现的结果加权估价后获得的，其谋求的是加权估价后所形成的预期价值的最大化。其公式为：

$$V(x) = \sum \bar{\omega}(P_i) v(X_i) \qquad (2-2)$$

其中，$\bar{\omega}(P_i)$ 是与结果相联系的决策权重函数，反映决策者对结果的主观判断，是真实概率的单调增函数；$v(X_i)$ 是价值函数，是相对于某个基准点的利得和损失。基准点是一种个人主观确定的评价标准，而且会随评价主体、环境、时间等的变化而变化。一般选取目前财富水准为基准点。正常情况下，盈利总是比损失要好，而且盈利越多，价值越高。因此，价值函数应该是一个单调递增的曲线。在以参考点为原点，以盈利为自变量的坐标图上，价值函数是一条通过原点且单调递增的曲线。另外，根据"反射效应"，价值函数应该是以原点为中心，向盈利和损失两个方向偏离的反射形状，即呈"S"形。在面对盈利时是凹函数，体现风险厌恶；而面对损失时是凸函数，体现出风险偏好的特征。价值函数在损失部分的斜率比获利部分的斜率要大。也就是说，投资者在相对应的盈利与损失下，其边际损失比边际盈利要敏感，在图形上表现为损失部分的曲线要陡峭于盈利部分的曲线，如图 2.4。

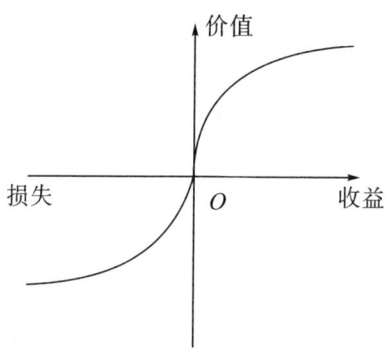

图 2.4 期望理论的价值函数

期望理论突破了预期效用理论的完全理性假定，用"价值函数"替代了"效用函数"（Markowitz, 1952），关注"实际发生了什么"，而非"应该发生什么"，分析在不确定条件下人们决策过程中偏离理性的原因和本质，因此期望理论相对预期效用理论，其加权的"价值函数"形式能更真实地描述金融市场中的异常现象。

3. 有限理性理论

早在 20 世纪 30 年代，全球经历了经济大萧条以后，Keynes（1937）研究发现，股价"泡沫"反映了投资者非理性行为的因素，这些非理性行为因素会影响企业的融资成本和股权融资方式，进而对企业的投资行为产生影响。投资者的非理性投资行为会反映到股价及其波动上，进而影响到企业管理者的投资决策和投资效率。

有限理性的假设被认为是行为金融的理论基石之一。其最早由 Simon 于 1995 年提出，Simon 认为市场参与者是处于完全理性和完全非理性之间的一种有限理性。市场参与者的目标往往是多样化的，不仅受不确定性环境的制约，而且处于不断变化中甚至彼此矛盾；市场参与者的理性认识是有限的，他们的知识、信息、经验以及其心理认知能力是有限的，其注意力、记忆力以及信息加工能力等都是有限的，因此市场参与者的决策结果不可能达到绝对的最优，只能根据所考虑事件的具体信息，以决策较满意为准则，做出参与者认为满意的决策。

参与者的"有限理性"行为体现为，不能寻找到所有的备选方案，也不能预测所有备选方案的后果，没有办法做到决策"最优"，因此市场参与者只能依据社会习俗、通用规则和惯例、自身经验来做决策。而市场参与者认知偏差、风险偏好、决策预期水平和信息处理能力等都是不同的，面对诸多不确定的外部因素，其在决策过程中的往往出现直觉驱动偏误、框架依赖等行为现象（Tversky & Kahneman，1974；Thaler et al.，1991）。比如，市场参与者总是依赖自己对决策结果的判断进行决策；或由于受传言或情绪的影响，大家都模仿别人的决策行为等（Thaler & Bondt，1984；Daniel & Titman，1999；Richard Thaler，1999）。

在有限理性的状态下，市场参与者不是以随机状态进行交易的，而是在一定时期内都试图采取同一方向的交易策略，这种非理性的交易行为就具有一定的社会性（Shiller，1987），并且在做出每一次决策时都会结合主观认知和客观条件两方面的因素，因此股市动荡不仅仅是企业经营状况变化导致的，也是诸如过度自信、过度悲观、反应过度、反应不足、非理性情绪、跟风行为等心理因素和行为特征导致的。

投资者非理性行为的表现形式多种多样，包括投资者情绪、投资者过度自信、投资者羊群行为、投资者损失厌恶、投资者过度反应、反馈机制等。目前，学者对股票市场上投资者过度自信与投资者情绪研究较多，并且这两种非理性行为在中国较为普遍，因此本书也对这两种行为与股价波动以及企业非效率投资的关系进行了探讨。

2.3.2 投资者非理性行为与股价波动

1. 投资者情绪的界定及指标的测量

投资者情绪属于金融学学科与心理学学科相互交叉的范畴，如何定义投资

者情绪一直是学界争论的话题，不同的学者从不同的角度对投资者情绪进行界定。从心理学的角度来讲，投资者情绪可以被理解为一种价值认知过程，这种认知过程是指投资者放弃主观预期效用理论，错误地应用了贝叶斯法则而形成的（Shleifer & Vishny，1998）。从股价偏离角度来讲，投资者情绪是导致市场预期与真实价值的偏差，是证券市场上的错误定价（Polk & Sapienza，2009），或者说是投资者的非理性导致的股票价格短期乃至长期脱离股票内在价值的一种市场现象。从投资者预期的角度来讲，投资者情绪是投资者对市场乐观或悲观的态度（Brown & Cliff，2004）。而从信念角度来讲，投资者情绪又是一种信念，一种忽略个人拥有的信息，对未来风险和现金流的一种主观情绪（Baker & Wurgler，2007）。

本书对投资者情绪的相关文献进行总结归纳，认为从投资者的认知因素来看，其对于市场的各种信息的个人解读是存在差异性的。不同的投资者对于信息的理解不同，对市场的预期不同，最终做出的投资决策也不同。从投资者的非独立性来看，由于其存在于市场集体环境下，群体互动会产生投资者情绪。本书将投资者情绪定义为：在市场集体环境下，由于对市场信息认知的异质化和群体间互动影响而产生的投资者对于未来带有系统性偏差的预期。

作为投资者的一种非理性特征，投资者情绪难以进行量化。目前学者所提出的用以度量投资者情绪的指标主要分为客观、主观和复合指标三大类。客观指标主要包括封闭式基金折价、托宾 Q 值分离残差、动量效应指标、IPO 发行量及首日收益、股票交易量、股票未来收益、共同基金净赎回、零股买卖比例等；主观指标是为刻画投资者对股票市场未来行情走势的判断，或对未来投资前景所持态度，而主观量化形成的指标，主要包括投资者智慧指数、瑞银集团/盖洛普发布的投资者信心指数、央视看盘指数、股市投资者信心指数等。复合指标包括：Baker & Wurgler（2006）构建的复合情绪指标（BW 指数），即基于封闭式基金折价、交易量、IPO 数量及上市首日收益、股利收益、股票发行与证券发行比例等多个单项指标进行主成分分析得到初阶指标值，然后控制相应的宏观经济周期变量（包括工业生产指数、经济景气指数以及耐用/非耐用/服务消费增长等）后求得的残差值作为投资者情绪指数；易志高、茅宁（2009）基于封闭式基金折价、交易量、A 股新增开户数、消费者信心指数、IPO 发行量及首日收益等指标构建的测量国内股票市场投资者情绪的月度复合指标（即 CICSI 指数）。笔者整理的投资者情绪的测量指标及量化方式见表 2.2。

表 2.2 投资者情绪的测量指标及量化方式

方式	量化指标	主要代表作者	量化依据
客观指标	封闭式基金折价	Pontiff（1996）； Neal & Wheatley（1998）； Baker & Wurgler（2006）； Mujtaba Mian & Sankaraguruswamy（2012）； 张博、扈文秀、杨熙安（2021）	该指标上升则市场投资者情绪相对低落，下降时则市场投资者情绪相对高涨。该指标可以反映个体投资者情绪。
	托宾 Q 值分离残差	Goyal & Yamada（2004）； Siriopoulos & Fassas（2012）	托宾 Q 值分解为基本面内在价值和股票错误定价两部分。因此，可对托宾 Q 值用代表企业基本面因素的变量（所有者权益净利率、企业规模、资产负债率、主营业务收入增长率等）进行拟合回归，其残差则为投资者情绪。
	动量效应指标	Jegadeesh & Titman（1993）； Polk & Sapienza（2009）； 花贵如、刘志远（2011）； Yongdong & Zhen（2015）； 尚煜（2019）	指在一定时期内，股票收益率会延续原来的收益趋势，即过去一定时期内收益率高的股票在未来一定时期内的收益率仍会处于相对较高的水平。
	IPO 发行量及首日收益	Canner, Mankiw & Weil（1994）； Ritter & Welch（2002）； Ljungqvist, Nanda & Singh（2006）； Ghorbel, Abdelhedi & Boujelbene（2014）	为首次公开招募股发行量及首次发行时的收益，能体现投资者对股票的热情程度，它们一般与情绪正相关。
	股票交易量	Hiemstra & Jones（1994）； Jones（2001）； Scheinkman & Xiong（2003）； Brown & Cliff（2004）； Jitmaneeroj（2017）； 于博、吴菡虹（2020）	当市场情绪上升或下降时，股票的总交易量会随之增加或减少。因此交易量的大小可以表明投资者对市场预期的差异
	股票未来收益（或股市平均市盈率）	Baker et al., 2003； Dodescu（2009）； Siriopoulos、Fassas（2012）； 张宗新、王海亮（2013）； Smales（2017）； 童元松（2021）	企业股票实现的未来收益（或平均市盈率）越低，说明现时的股价被低估越严重，即代表现时投资者情绪越低迷，相反亦是如此。

续表

方式	量化指标	主要代表作者	量化依据
客观指标	共同基金净赎回	Chopra、Lee、Shleifer、Thaler (1993); Brown & Cliff (2004); Coakley、Hadass、Wood (2009)	共同基金净赎回指标反应投资者对未来收益的预期。当赎回量发生变化时,说明投资者对未来收益的预期也发生变化。
	零股买卖比例	Fosback (1993); Barber (1999); Kumar & Lee (2006); Bollen & Mao (2011)	该指标一般用来度量小投资者的情绪,若指标变大或变小,说明投资者情绪低落或高涨。
	其他替代指标(股利收益、新高新低指标、基金持仓比例等)	Baker、Wurgler (2004a, 2006); Brown、Cliff (2005); Corredor、Ferrer & Santamaria (2013); Smales (2017)	股利收益、新高新低指标、基金持仓比例等这些指标与市场股价及收益的波动呈现正相关关系,因此用其作为投资者情绪的替代指标。
主观指标	投资者智慧指数	Lee、Jiang & Indro (2002); Siriopoulos & Fassas (2012)	该指标由 Chartcraft 公司编制,始于 1964 年,主要是根据投资专业人士对下一期的股市行情的看涨和看跌比例编制而成,常用来反映机构投资者的情绪。
	个体投资者协会指数	Fisher & Statman (2000); Brown & Cliff (2005)	该指标由美国个体投资者协会根据市场行情预期的上涨和下跌比例编制,一般情况下代表个体投资者的情绪。
	央视看盘指数(BSI 指数)	Han (2008); Hua、Yan & Qiubai (2014); Junwen & Xinxin (2017)	该指标根据证券公司、咨询机构对本周股票的涨跌预期编制,主要体现机构的投资情绪。
	好淡指数	熊伟、陈浪南 (2015)	该指标由中国《股市动态分析》每周对来自不同区域和行业的投资者就未来股市的多空意见的调查数据编制而成,主要反映机构投资者的情绪。
	分析师情绪指数、CBSI 等	Lack (1973); Copeland & Mayers (1982)	该指标为股票分析师对市场的预期评级。指数越高,情绪越高;指数越低,情绪越低。

续表

方式	量化指标	主要代表作者	量化依据
主观指标	投资者信心指数（ICI）	Lashgari（2000）；Lemmon & Portniaguina（2006）；Schmeling（2009）；Antonios Siganos, Vagenas-Nanos & Verwijmeren（2014）；Yongdong & Zhen（2015）	该指标越高说明未来收益越有保障，未来投资前景越好。学术界对该指标的运用也较为广泛。
	投资者信心指数（美国）	Tetlock（2007）；Ranco, Aleksovski, Caldarelli, Grčar & Mozetič（2015）；Jing（2016）	该指标是 UBS/Gallup 发布的关于投资者对将来经济和投资发展的主观看法。指标越高，投资者越乐观；指标越低，投资者越悲观。
综合指标	BW 指数	Baker & Wurgler（2006）；Mujtaba Mian & Sankaraguruswamy（2012）；李媛、吴菲菲（2020）	该指标由封闭式基金折价、首次公开募股数量、交易量等单个指标在控制宏观因素后进行主成分分析再计划残差得出。指标越高（低），情绪越高（低）。
	LSI、GSI 综合指标	Baker & Wurgler（2007）；Baker & Wurgler（2013）；Siganos, Vagenas-Nanos & Verwijmeren（2017）	该指标是利用多个国家的数据创建的国际性复合指标。指标越高（低），代表国际范围内投资者情绪越高（低）。
	CICSI 指数	易志高、茅宁（2009）	该指标是剔除宏观经济因素后的投资者情绪月度复合指标。指标越高（低），投资者情绪越乐观（悲观）。
	其他综合指标	罗斌元、梁丽娟（2019）；杨娜、郭世辉（2020）；罗斌元、杨春红（2020）	借鉴 BW 指数的构建方法，选择一些有代表性的指标进行主成分分析得到投资者情绪的综合指标（只是学者选择的指标不同构建了不同的综合指标）。如，有学者选择累计月度股票收益率、换手率、市盈率进行主成分分析。再如，有学者分年度分行业将企业年末托宾 Q 值分别对资产负债率、权益净利率、营业收入增长率和总资产规模四个反映公司基本面的变量组回归，再将回归残差作为衡量投资者情绪的代理变量。又如，有学者用消费者信心指数、市盈率、市净率和换手率进行主成分分析后得到综合指标等。

注：作者自行整理。

尽管学者们提出过多种指标来度量投资者情绪,但是,时到今日仍没有一种公认的最优的度量指标。目前运用最为广泛的指标是动量效应指标(Baker & Wurgler,2006;Ben-Ami, Feldman & Rosenfeld,2014;尚煜,2019)。本书也借鉴这种方法来衡量投资者情绪。动量效应是 Jegadeesh & Titman (1993)最早研究发现的,它指出股票的过去收益和未来收益表现出正的序列相关性,如果现在股价处在上涨或下跌的趋势,未来一段时间内股票收益的走势会保持现有的走势。这种收益率延续趋势的主要原因在于投资者对该股票的投资情绪的延续,即会买入股票收益率高的股票而卖出股票收益率低的股票。如果某股票收益率越高,投资者对该股票的投资情绪越乐观;而某股票收益率越低,投资者对该股票的投资情绪越悲观。因此采用该指标来反映市场上投资者乐观或悲观的情绪具有一定的合理性。

2. 投资者情绪与股价波动

"理性人"假说认为非理性投资者的情绪不会长期影响股票的价格,股票价格最终将会回归它的投资价值。Friedman(1953)指出市场中可能偶尔或者短期存在非理性交易行为,但市场上理性交易者会快速辨认这种非理性行为带来的价差,他们通过套利将收益从非理性交易者的手中转移到理性交易者手中。而非理性的交易者因为受到损失会逐步退出市场,因此长期看市场中仍主要为理性交易者的行为,股价也会逐步回到其内在价值。后来,Kyle(1985)和 Black(1986)提出了"噪声交易"的概念。认为在市场中部分交易者由于获取的信息不对称,以"噪声"为基础来预测和决策,使股票价格偏离内在价值而上下波动。DeLong, Shleifer, Summers & Waldmann 于 1990 年正式提出噪声交易(DSSW)模型。后来学术界的研究大多围绕 DSSW 模型展开。姚远、钟琪和姚贝贝(2019)研究认为噪声交易中投资者情绪对股价波动会产生单向影响,其对市场的冲击越大,噪声交易者越多。

投资者对资产的未来价值的预期不可能准确无误,因为这种预期和投资者自身的知识能力、教育背景、决策经验以及个人喜好、心理情绪等密切相关,是对资产未来价值的一种主观和客观的综合评估(Vivian & Xu,2017)。不同的投资者对同一资产的预期也因为投资者所持的态度或情绪不同而不同。学术界对投资者情绪对股票价格的影响越来越重视,无论是用综合情绪指标还是单一情绪指数,都提供了投资者情绪影响股票定价的证据(Baker & Wurgler,2006;Corredor, Ferrer & Santamaris,2013)。投资者情绪在美国、法国、德国、西班牙和英国的股票市场会显著影响股票的价格和股票的收益（Friedman，2007；Corredor et al.，2013）。不同的市场这种情绪对股价和收益的影响也不同，这涉及股票特征和跨文化或制度上的差异，已有文献研究结果还显示不同市场对情感代理选择具有不同敏感性。美国市场的综合投资者情绪还能解释该市场的财务困境效应、应激效应和动量效应等11种资产定价异象（Stambaugh，2012）。

诸多研究表明，投资者情绪对股票价格的波动有重要影响（Fisher & Statman，2000；Hirshleifer et al.，2012），特别是在牛市顶峰和熊市低谷期，投资者情绪对股票价格的影响程度远远超过公司基本面因素对它的影响，约占到60%。Jitmaneeroj（2017）用2006—2014年间美国工业企业的年度数据从实证角度探索股票价格与投资者情绪的关系，研究认为投资者的情绪对股价有显著负向影响。

在中国资本市场上投资者也存在投资者情绪的认知偏差（李心丹、王冀宁和傅浩，2002），非理性投资者在一定程度上会抑制理性投资者，投资者情绪是股价变动的重要因素之一（姚德权、黄学军和杨光，2010），投资者的乐观和悲观情绪都会加大股价的波动（陈健、曾世强，2018）。证据显示不仅中国A股市场如此，交叉股市场也如此（陆静、周媛，2015）。任永平、李伟（2020）研究认为投资者情绪与股价同步性呈显著负相关关系，且对短期股价影响最为明显。童元松（2021）也认为股市波动性在短期内受到投资者情绪的负方向影响。许多学者还将投资者细分为机构投资者与个体投资者，分别研究机构投资者和个体投资者的情绪、个股层面和市场为层面综合情绪对股价波动的影响（盛君宇，2015；孙英博、戎姝霖，2016），以及这些情绪对股价短期和长期波动的影响等（巴曙松、朱虹，2016；杨楷，2016），均取得一定成果。实证得出无论是否考虑宏观经济因素对股票市场的影响，机构投资者对中国股票市场价格的波动均产生正向影响（刘振彪、何天，2016）。

3. 投资者过度自信的界定及指标的测量

过度自信最初是认知心理学中的术语。心理学家普遍认为，人们预测未来时往往会表现出过度自信倾向，股票市场上的投资者也不例外（Hilbert，2012）。心理学文献对过度自信的定义主要有"过度精确""过度高估"和"优于常人"三大类。Odean（1999）等认为，投资者过度自信是金融市场投资者关于风险资产未来收益信息（主要是私人信息）的错误理解，认为自己所拥有信息的精度要高于其他投资者所拥有信息的精度。他们认为金融市场投资者过度自信有如下表现：第一，过度自信使投资者低估投资风险，从而愿意持有较

高风险的投资组合。第二，由于过度自信，投资者会对某些与股价变化密切相关的信息反应不足，而倾向于买入过去获得赢利的投资组合，并卖出过去发生损失的投资组合。第三，过度自信导致投资者对所掌握的基础信息做出错误估计，从而造成股价远离其基础价值。第四，过度自信的投资者会过分相信自己能获得高于平均水平的投资回报，因此倾向于通过过度交易来提高投资回报（Thakor，2005）。

由于过度自信表现为人们对自己决策能力判断的偏差，因此在心理学中通常以被实验者对自己行为判断正确的概率和实际的概率之间的差值来测量人们的过度自信程度。如果这个差值越大，代表被实验者的过度自信程度越高（Doukas & Petmezas，2007）。投资者过度自信往往表现为过度相信自己的投资能力，相信通过频繁买卖可以取得高于市场的超额收益。金融领域学者们也常用投资者对价格信息非理性判断的均值和方差来测量投资者过度自信，一种做法是用投资者高估市场价格信息分布的均值来测量，另一种做法是用投资者低估市场价格信息分布的方差来测量（Doukas & Petmezas，2007）。前者运用得较为普遍，该方法认为投资者常常较高估计自己处理价格信息的能力，且自己收集获取的信息质量超过他人。如 Keiber（2002）认为，过度自信者相信自身经验和对信息的掌握和处理能力，因此可以用较小的随机变量方差来替代投资者过度自信。

也有少部分学者采用调查问卷的方式收集投资者相关过度自信的看法和做法，以判断其是否存在过度自信（Glaser & Weber，2007；Huisman，van der Sar & Zwinkels，2012；Zaiane，2013）。比如 Arif & Khan（2013）在伊斯兰堡证券交易所场内随机抽取 113 个投资者，通过调查问卷对其包括年龄、交易经验、学术资格、收入来源和股票投资表现在内的因素进行调研分析。结果表明，巴基斯坦投资者对自己的交易技巧和投资决策过于自信。逐步回归分析表明，教育是唯一的、积极的并显著增加过度自信的因素，其余因素对投资者过度自信有负面影响。由于用调查问卷的方式确定投资者的过度自信的方法受调研结果的时间、调研周期以及调查抽样样本等的限制，目前使用得很少。

大多数学者以单个指标来衡量和验证投资者的过度自信。李富军、姜富伟和杨桦（2019）用中国股市一定时间段的超额收益率作为投资者过度自信的替代指标。Burnside, Han, Hirshleifer & Wang（2011）和 Statman, Thorley & Vorkink（2006）用美国股市的数据证明市场的股票换手率与投资者的过度自信程度呈显著正相关关系，换手率越高，市场投资者的过度自信程度也越高。后来，许多学者采用换手率作为衡量投资者过度自信的替代指标进行研究

（Zaiane，2013；Daniel & Hirshleifer，2015；Sayim & Rahman，2015；Mohamed，Lakhal & Ajina，2017）。Chang & Luo（2008）证明得出可利用股票错误估值度来衡量投资者的过度自信水平，并在实证中进一步验证了换手率指标能更好地表示股票市场交易的活跃程度，能反应投资者过度自信的程度。

后来许多中国学者也利用换手率指标来度量投资者过度自信（王春峰、张亚楠和房振明，2010；朱旭强，2010；叶建华，2014）。过度自信的投资者认为自己所拥有信息的精度要高于其他投资者，出于自我归因偏差，过于相信自己的判断能力，高估自己投资获得成功的可能，并且把成功的原因归于自己卓越的个人能力，而低估或忽略运气、机会等其他不确定因素对决策成功起的作用。投资者往往会认为自己已经掌握了足够多的可以为他们带来收益的信息，并坚信他们能通过交易获得高于平均水平的收益率，过于相信自己的判断，可能不会很好地分散投资组合，并且他们看不到对冲风险的必要，从而导致大量盲目交易（谭智，2010）。因此，本书结合现有的研究采用股票换手率来衡量投资者的过度自信水平（叶建华，2014）。因为股票换手率越高，投资者对该股票出于投机目的的市场交易越频繁，投资者越相信自己的判断，并认为通过交易能获得高于平均水平的收益率。因此用股票换手率指标衡量投资者过度自信有一定的合理性。

4. 投资者过度自信与股价波动

行为金融学家们将投资者过度自信心理界定为分析和研究金融市场的一个正式假设。Odean（1998）提出的"过度自信理论模型"指出：由于内在的过度自信认知偏差，投资者会进行非理性的过度买卖，这一行为往往使投资者的利益受损。Gervais & Odean（2001）的研究发现，在股票市场处于牛市时，尽管许多股票都有较高的收益率，但过度自信的投资者不满足现状，依然过高地估计他们所获取的信息比别人更精准，不断地追逐更高收益的股票，更加频繁的倒手买卖，增加了投资的风险性；在股票市场处于熊市时，过度自信的投资者对市场反应不够，或者害怕损失，不断进行非理性的过度交易，最终使其投资者收益大大降低。

Beracha & Skiba（2014）也认为股票市场在牛市期间，投资者过度自信、乐观、代表性和自我归因偏差等因素都会使股票价格远远超出其基本价值。相反，在熊市期间，损失厌恶、虚假参考点、锚定和熟悉偏差促使价格低于其基本价值。将这些行为偏见与严重的套利限制结合起来，包括市场的非流动性，高交易成本和卖空限制会放大心理偏差对证券资产估值的影响。因此，股票价

格从短期和中期来看往往偏离其基本价值并且价格调整是缓慢的。还有学者研究得出，不同经济周期阶段投资者过度自信会对股价产生不同的影响。

中国学者唐亮、万相昱和张晨（2019）通过实证得出，中国股票市场上投资者过度自信现象显著存在，且在不活跃的规模较小的股票上表现得尤为明显。王春峰、张亚楠和房振明（2010）建立"状态依赖过度自信模型"，从信息流动机制和微观机理两个角度，认为投资者个人的过度自信程度与股票的交易量正相关，并且历史收益与股票的交易量也呈正相关。陈其安、唐雅蓓和张力公（2009）认为，机构投资者的过度自信程度与股价波动和成交量有明显的正相关关系。陈日清（2014）研究认为，市场价格的波动性可用投资者过度自信行为所导致的市场超额交易量来诠释，并且 38.2% 的个股超额交易量可以用投资者过度自信诠释。何诚颖、陈锐、蓝海平和徐向阳（2014）认为，中国股市中期反转的主要影响因素是投资者的过度自信行为，并且过度自信程度越高，反转效应越显著。

简而言之，如果投资者在股票市场交易和建立私人股本池时过于自信，相信他们可以根据各股票的历史回报获得最高回报，从而频繁交易，那么这一非理性行为会严重损害投资者的财富。

5. 投资者非理性行为对股价波动影响的研究假设

传统金融理论基于"理性经济人"和"有效市场"假说，认为股票价格能够有效地反映期望现金流的折现值，股票的横截面收益变动只取决于市场上的系统风险，与投资者情绪无关。但是，近年来学者们从理论上证明了套利作用的有限性，认为资本市场上股票价格往往明显地偏离其内在价值。行为金融理论的"情绪假说"表明，投资者情绪导致股价长期偏离其内在价值，并普遍赞同情绪与股价波动具有同步性（Shefrin，2007）。股票市场中高涨的投资者情绪往往会导致公司股价上涨；反之投资者情绪低落时，公司股价会随之降低，公司价值被低估（Kang，Lee & Sim，2014）。股票市场中机构投资者在人才、专业和资金上强于个人投资者，具有较强的信息判断识别能力，其所持比例较高的股票，受情绪影响程度相对个人投资者较低。尽管如此，由于二者均会产生非理性行为，本书将两大主体视为一体，认为股票市场上所有投资者的非理性情绪均与股价波动呈现同方向变化。

基于上述分析，本书提出如下假设：

假设 2：投资者的两种非理性行为共同作用时（投资者情绪和投资者过度自信）与股价波动正相关。

2.3.3 股价波动对企业非效率投资影响的研究

1. 行为金融的托宾 Q 理论

早在 20 世纪 30 年代，全球经济大萧条后 Keynes（1937）就发现股票价格泡沫能反映投资者的非理性行为。这些非理性行为会对企业的融资成本和股权融资方式产生影响，进而影响企业的投资决策行为。投资者的非理性行为会反映到股价及其波动上，进而影响企业管理者的投资决策和效率。这也可以用托宾 Q 理论来解释。

早期对股票市场和投资关系的研究是基于托宾 Q 理论展开的。托宾 Q 值是企业市场价值除以重置成本得来的。当 $Q>1$ 时，企业的市场价值超过企业实际重置成本，说明企业有较高的市场价值，其投入高于产出，真正为社会创造了有益的价值。市场价值高于重置成本，说明发行较少的股票能买到较多的新的投资品，因此企业的投资支出会增加。当 $Q<1$ 时，企业市价小于企业重置成本，企业不会购买新的投资品，如果企业想获得资本，会通过收购其他较便宜的企业获得旧的投资品，因此投资支出便降低。

托宾 Q 理论可以通过下式推导得出：

$$\frac{\Delta K}{K} = \varphi(q - \bar{q}) + g \tag{2-3}$$

其中，$\frac{\Delta K}{K}$ 为资本增长率；g 为投资的自然增长率；φ 表示单调递增的函数关系；q 为托宾 Q 值，即企业资产的市场价值与其重置成本之比；$\bar{q}$ 为企业资产的市场价值与重置成本相等时的均衡比值，可视为 1。

当 $q>1$ 时，$\varphi(q-\bar{q})>0$，从而 $\frac{\Delta K}{K}>g$，投资以高过 g 的速度扩张，投资者扩大投资；同理，当 $q=1$ 时，$\varphi(q-\bar{q})=0$，投资者保持原有投资不变；当 $q<1$ 时，投资者则减少投资。

该模型表明，企业的投资力度取决于企业资产的市场价值与其重置成本之比，这就是托宾 Q 理论的关键。

在图 2.5 中，横轴表示 q，纵轴表示资本增长率 $\frac{\Delta K}{K}$，纵轴上的 g 点是投资自然增长率。投资曲线是 I，表示资本增长率与 q 之间的函数关系。该模型中，投资线上 E 点对应的 q 值等于 1，其资本增长率等于自然增长率，此时投资者维持原有投资。投资线 E 点靠右往上所有点的 q 值大于 1，说明资本增长率超过自然增长率，此时应扩大投资；投资线 E 点靠左往下的所有点的 q 值小于 1，说明资本增长率小于自然增长率，此时应减少投资。从模型可以看出投资和 q 之间存在正相关关系。

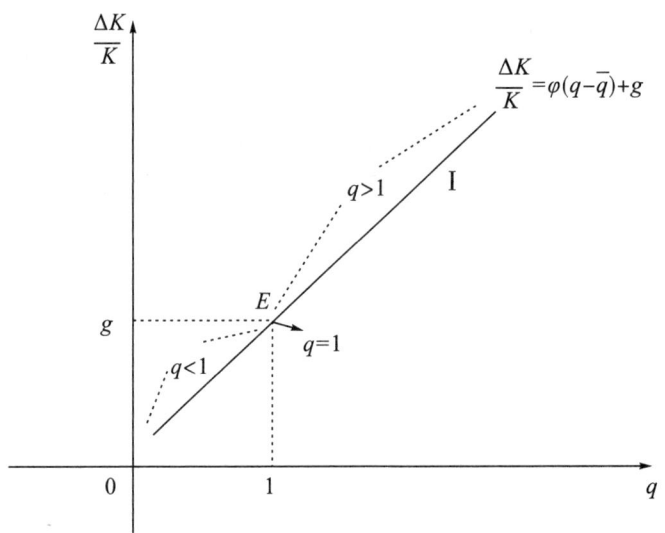

图 2.5　托宾 Q 理论模型

有效市场假说下，托宾 Q 理论可以反映企业投资机会，企业投资情况可以通过托宾 Q 理论来解释。在非有效市场下，股票价格并不一直围绕基本面上下波动，存在大量未预知的波动（Shiller，1987），托宾 Q 理论对此也适用，但是 Q 值包括的股票价格信息不仅仅是公司基本面的价值信息，还包括非基本面的信息，这些非基本面的信息与投资者的非理性行为相关，即投资者的非理性行为引起的股价波动也包含在 Q 值中。这些投资者的非理性行为造成的错误估值也会影响企业投融资决策和投资效率。

2. 股价波动对企业非效率投资影响的文献综述

股票市场价格变动与企业投资之间相互关联的理论是托宾（Tobin）于 1969 年第一次提出的。他将企业的市场价值与其资本的重置成本（固定资产投资）联系在一起，认为企业的资本成本对其投资产生显著影响。并用市场价值除以置换成本得到 Q 值。通过 Q 值可以对企业未来的收益进行估计，估计结果能影响生产、投资等。可以通过这个原理来分析股价，从而分析企业经营状况。如果股价上升，Q 值也会上升，那么较低的重置成本会促使企业通过股票来进行融资、购置新设备、扩大生产，从而增加企业的产值。Baker &

Wurgler（2002）认为，股价围绕公司的真实价值上下波动，管理者在公司股价高估时选择增发股票，被称为"市场择时理论"。事实上，股票市场的资产价格并不是一直围绕其基本面价值波动的，还存在着大量市场参与者未能预知的波动。这是因为股票市场的突然剧烈震荡除了公司基本面的变化外还存在投资者非理性的影响。比如中国 2007 年股指从 3000 点一路上行，触及 6124 的历史最高点，2008 年又暴跌至 2000 点，而这期间公司基本面的变化并不大。再比如 20 世纪 80 年代前后美国股指和 GDP 的走势也背道而驰，从 60 年代到 80 年代的十几年间道琼斯工业指数停滞不前，但美国的 GDP 却涨了近 4 倍；80 年代到 90 年代道琼斯指数增长超过 10 倍，但同期的 GDP 增长却没有超过 3 倍。

有的学者通过实证研究得出股票价格的变动直接影响企业投资效率。股价的波动加剧抑制经济增长和产出（Campbell，Lettau & Xu，2001；Samanta，2010），还导致管理者短期行为，从而降低企业投资效率，这种现象在民营企业中更为明显（Asker，Farre-Mensa & Ljungqvist，2014）。Alti & Tetlock（2014）利用结构方程模型验证了股价与公司重置资本的比值和企业投资间呈显著的正相关关系。Armand（2016）的研究认为，那些依赖股权融资的公司，当公司价值被低估时，其投资与股票错误定价具有敏感性。

中国股市的换手率比大多数发达国家的换手率要高，另外中国股市还具有中国特色，在股改前，国家控制股和国有法人股是不能被交易的，直到 2005 年开始实行"股权分置改革"以后，中国股市的托宾 Q 值才开始向其理论均衡水平靠拢（李其霞、卢春源，2008）。直到 2008 年，中国股市的托宾 Q 值与股价的关系才真正正相关（扈文秀、王锦华和黄胤英，2013）。

丁守海（2006）研究发现，在中国企业投资中的非理性成分所占的份额较高。屈文洲、叶震南与闫丽梅（2016）通过分解托宾 Q 值来获得股价泡沫的代理变量，研究中国股票价格与公司投资规模的相关性，发现无论是否面临融资约束，投资支出率和股票价格都具有正的敏感性。也有学者研究了中国股市波动对实体经济投资的宏观影响。饶品贵、岳衡与姜国华（2017）指出，如果经济政策不确定，企业会因为缺少政策指引而对市场的投资机会更为敏感。

3. 股价波动对企业非效率投资影响的研究假设

从上述文献综述来看，股价上下波动对企业投资是否产生实质影响及产生怎样的影响这一问题虽然一直是理论研究的热点，现有文献对于股价波动如何影响企业投资仍然没有统一定论，实证结果分歧也比较大，但是关注这一点的

文献还是很多的，比如 Lettau & Wachter（2007）、Chirinko & Schaller（2011）、Jovanovic & Rousseau（2014）等均关注股价波动如何影响企业投资效率。

本书在以往研究的基础上更进一步，用托宾 Q 值来表示由于投资者非理性行为引起的股价波动，该股价波动是超出或低于基本面价值的上下变动值，这些变动值通过多种途径和渠道影响管理者的投资决策，使管理者做出错误的决策，对企业投资效率产生不良影响。当股价不能直接反应股票真实价值时，如股价大于公司基本面真实价值时（即 $Q>1$），即认为公司股价被高估；反之，股价小于公司基本面真实价值时（即 $Q<1$），则认为公司股价被低估。当股价被高估时，管理者容易迎合股价上扬产生投资冲动，导致企业过度投资（Gilchrist, Sim & Zakrajšek, 2013）；当股价被低估时，管理者受股价下跌的影响或考虑维持公司股价而回购股票，导致企业投资不足。因此，本书提出如下假设：

假设 3：股价波动与企业非效率投资正相关，股价高估（或低估）时增加过度投资（或投资不足）。

2.3.4 投资者非理性行为对企业非效率投资的影响研究

1. 基于行为金融研究的公司投资理论

行为金融理论中，投资者并非完全理性，投资者会受到心理账户、锚定、认知偏差等多种心理因素的影响，上市公司的股票价格不再是中性的，投资者对公司未来的异质化预期影响股票价格的变动，这会对投资者的投资心理和投资行为产生冲击，进一步影响企业管理者的投融资决策，以致影响企业投资效率（Kahneman & Tversky, 1973; Daniel et al., 1999）。

在 Baker et al.（2004）的理论基础上，本书进一步分析了投资者非理性行为对理性的公司管理者投资决策效率的影响。

理论上管理者的投资决策目标一般可分为三个方面：

一是最大化公司基本价值，公司通过自身的投融资及管理决策来实现最终盈利水平的最大化，以及各项现金净流量的最大化。

假设公司的基本价值定义为 $V(k)-k$。其中，$V(k)$ 是公司投资收益函数（不考虑时间价值），k 为公司投资支出，最大化公司基本价值就是使 $V(k)-k$ 最大。

二是最大化当前公司股票价格。由于市场的无效性，投资者的非理性因素反映在股票价格中,使公司股票价格与其基本价值有所偏离。正是由于投资者的非理性行为对股票价值的错误估计的存在,理性的管理者为了实现股票价格最大化,会采取一些迎合投资者的短期投资政策。当投资者心态乐观时,会对公司潜在的投资项目充满信心,即使这些潜在的项目预期净现值小于零,管理者也会迎合投资者情绪进行投资,造成非效率投资,因为,如果管理者不迎合投资者,会使投资者对公司失去信心,抛售股票,导致股价下跌。

假设这种包括投资者非理性因素的错误定价定义为 $Q(i)$,其中,i 为投资者非理性行为变量,$Q(i)$ 表示投资者非理性因素形成的错误估值。最大化公司股票价格就是使 $Q(i)$ 最大。

三是最大化股东长期收益和公司价值,即管理者利用投资者非理性行为偏差导致的市场错误定价为股东赚取长期利润。这个目标的实现主要体现在理性的管理者利用市场偏差改变资本结构,以使公司价值和股东收益最大化,即当股票价格被高估时,具有长期视野、以股东最大价值为目标的管理者会采取发行新股等主动融资决策,推动公司长期绩效的增长;当公司股票被低估时,理性的管理者会改变公司资本结构,尽量降低公司的股权融资比例,甚至举债回购股票。

假设利用投资者非理性因素实现的价值定义为 $eQ(i)$,e 为管理者利用错误估价改变资本结构进行股权融资比率的部分。最大化股东长期收益和公司价值就是使 $eQ(i)$ 最大。

一般情况下,理性的管理者会在企业各项经营管理中将上述三个目标综合考虑,采取最优策略,实现整体价值最大化。要使上述三个目标价值最大化等同于下述公式的最优化决策:

$$\max t[V(k) - k + eQ(i)] + (1-t)Q(i) \qquad (2-4)$$

其中,t 是管理者任职时间,设 t 值在 0 到 1 之间变动。

当 $t=0$ 时,式(2-4)的前一项为 0,管理者为实现股票短期价格最大化,会主动迎合投资者心态和情绪进行投资决策,虽然在短时间内能推动公司价格上涨,但可能损害公司的长期利益。

当 $t=1$ 时,管理者会在企业基本价值最大化的基础上,考虑并充分利用那些能观察到的股价波动带来的错误定价,并做出适宜于公司长期发展的投资决策。

对 k 求导,就得到在投资者非理性影响下理性管理者的最优投资边际价值策略:

$$V_k(k) = 1 - \left(e + \frac{1-t}{t}\right)Q_k(i) \quad (2-5)$$

式（2-5）中，公司投资的边际价值等于 1（即标准化后的资金成本）减去边际新增资金对市场错误定价的影响（即管理者由于市场投资者非理性估价而做出的短期或长期的投资策略）。

如果市场有效且投资者完全理性，即 $Q_k(i) = 0$，则市场完全有效，$V(k) = 1$，即公司投资边际价值等于边际资金成本，投资效率最大化。

事实上，行为金融学认为由于市场非有效和投资者的非理性因素，公司的股价可能会偏离公司的基本价值，公司管理者的投资决策对市场的错误定价极为敏感，特别是对于管理时限较短的管理者，式（2-5）中的 $Q_k(i) \neq 0$ 时，即投资的边际价值会小于或大于边际资金成本，具体投资是否为非效率，需要进一步确定股权融资 e，即公司的融资决策。

接下来进一步推导投资者非理性行为对公司管理者的融资决策影响。

股票价格上下波动对企业投资的影响有两方面：一方面对被错误高估的企业，因为股权融资的成本降低，企业倾向于发行股票融入更多资金，以支撑更多的投资（Polk & Sapienza，2009）；另一方面对被错误低估的企业，如果同时受到融资约束，因为资金大部分来源于外部，融资成本增大，企业被迫放弃一些投资项目，倾向于更少的投资，导致一些 NPV>0 的项目无法实施（Stein，1996）。

如果从股权依赖角度看，股价对公司投资的影响会由于是否依赖股权而不同。究其原因，对股权依赖的公司，由于缺少资金进行投资，股价对其影响程度较大；而非股权依赖的公司，资金充裕且现有投资几乎饱和，股价对其影响程度较小（Baker et al.，2004）。

在考虑时间价值的基础上，假定公司在 0 期所有投资支出为 K_0，那么在时期 1 的总体回报为增函数 $f(K_0)$。假设有效市场的折现率为 r，那么公司所有投资的净现值 $\text{NPV} = \dfrac{f(K_0)}{(1+r)} - K_0$，有效市场的最优投资为 K^{fb}，其应满足 $K^{fb} = \dfrac{f^{fb}(K_0)}{(1+r)} = 1$。

假设股票市场的价格波动形成的错误估值部分高于有效市场价值的比率为 δ（需要说明的是这里的 $\delta = q - 1$，即等于投资者非理性状态的 q 减去 1），如果股价上扬形成错误高估，则 $\delta > 0$；如果股价下跌形成错误低估，则 $\delta < 0$。公司权益发行 e 的限制范围为 $0 \leq e \leq e^{\max}$（假设不能回购）。

再假设公司可用资金为 W，在股价高估时新增资产相关的借债能力比率为

D，由此将公司的融资、投资和财务杠杆限制联系在一起，得出约束条件：
$$e + W - K(1-D) \geqslant 0$$
该约束条件表明，公司的资本结构中债务比率不能高于 D。

基于上述假设，公司投资的优化问题即转化为下列约束条件下的最优解：
$$\max_{e,k} \frac{f(K)}{(1+r)} - K + \delta e$$
$$s.t. \quad e + W - K(1-D) \geqslant 0$$
$$0 \leqslant e \leqslant e^{\max} \tag{2-6}$$

对该约束条件（库恩－塔克条件）（Kuhn & Tucker，2014）的最优解如下：

首先，做拉格朗日函数如下：
$$L(e,k,\lambda) = \frac{f(k)}{1+r} - k + \delta e + \lambda[e + w - k(1-D)] \tag{2-7}$$

其次，分别讨论各种情况的解，对求解情况总结如下：

(1) 假如 $\delta > 0$，$e^{\max} > K^{fb}(1-D)$，那么 $K = K^{fb}$，且 $e = e^{\max}$，即被高估的公司会选择最优投资，并且会尽可能多地进行股权融资。

(2) 假如 $\delta < 0$，则分两种情况：

一种情况是公司可用资金能够满足最优投资需求，即 $W - K^{fb}(1-D) \geqslant 0$，那么 $K = K^{fb}$，且 $e = 0$，被低估的公司如果拥有足够的自由现金进行投资，则会选择最优投资，并且不会进行股权融资。

另一种情况是公司可用资金不能满足最优投资需求，即 $W - K^{fb}(1-D) < 0$，那么 $K < K^{fb}$，被低估的公司没有足够的自由资金满足最优投资，此时由于外界股权融资成本较高，管理者不愿意进行股权融资，使公司的投资不能达到最优投资规模，即出现投资不足现象。如果想要达到最优投资，即 $K = K^{fb}$，则在 $W - K^{fb}(1-D) < 0$ 时，则必须要求 $e = K^{fb}(1-D) - W > 0$，公司会发行股票进行股权融资，融入资金进行投资，但发行和投资的规模是错误估值程度 δ 和借债能力 D 的函数。

以上最优解的结果说明：股价被高估的公司，不论是否有充足的现金，均会选择增发股票的融资策略；而股价被低估的公司只有在面临融资约束时才会选择增发股票。这说明，判断投资者非理性行为导致股价波动带来的错误定价对公司融资决策的影响，有两个因素非常重要：一是 $\delta > 0$ 或 $\delta < 0$，即股价是高估还是低估（托宾 Q 值是否大于1）；二是公司融资的资金成本。

从以上理论推导容易看出：当投资者非理性行为导致股票价格上下波动，引

起股价错误高估时，会使公司增发股票进行股权融资，进而使其投资程度可能大于最优投资，出现投资过度现象；而当股价被错误低估时，如果存在融资约束，公司在股权融资时会考虑资金成本，其投资程度会小于最优投资。这也是本书认为投资者非理性行为会通过股价波动来影响企业非效率投资的理论基础。

2. 投资者非理性行为对企业非效率投资影响的文献综述

关于投资者非理性行为直接对企业非效率投资的影响研究文献不多。学者们普遍认为，投资者情绪造成股票错误定价会为公司创造或松或紧的股权融资环境（Baker & Wurgler, 2007）。投资者情绪高涨，股价随之上涨，企业价值被市场高估，企业管理者会选择股权融资以增加企业现金流，有可能造成过度投资；投资者情绪低落，股价随之下跌，企业价值被市场低估，企业管理者不会进行股权融资，而且可能放弃一些净现值大于零的投资机会，造成投资不足（Wong, Faff & Kwork, 2009; Bakke & Whited, 2010; Bali, Demirtas & Hovakimian, 2010）。也有学者认为，投资者的非理性行为对市场判断错误时，理性的企业管理者会迎合这种市场反应，充分利用这种错误定价的时机，对企业追加投资，造成投资过度（崔晓蕾、何婧和徐龙炳，2014）。

还有学者认为，投资者的非理性行为会直接影响企业的投资效率，并通过实证得出投资者情绪会直接影响公司投资的结论，指出诸如保险公司、信托投资公司这样的机构投资者放大了这一影响。犹如 Bernardo, Cai & Luo (2016) 提出的基于股票价格的激励理论一样，在投资者非理性行为等因素导致市场对公司投资机会的质量有不同意见时，管理者必须寻找并决定新的投资项目。当市场处于悲观低迷时，公司优先考虑的是对已实现盈利的激励，采取有效的投资策略。然而当市场整体乐观，情绪高涨时，公司优先采取的是基于股票价格的激励政策，导致低效率。如果公司进行股权融资保持资金充裕，会对一些股东认为是正现值但公司看来是负现值的项目进行追加投资，导致企业投资过度。

在中国，有的学者以沪深股市相关数据进行研究后得出：股市投资者情绪对企业资源配置效率起到"恶化"和"校正"作用，即投资者情绪会加重上市企业的投资过度现象，还会缓解投资不足现象（陈金皓，2011；江海燕，2012；王宝丽，2012；岳川，2013；邵榕筠，2015）。有学者认为，A股市场存在显著的资产增长异象，在投资者情绪高涨期（低落期），A股市场资产增长异象更为明显（较弱），环境的不确定性在投资者情绪与资产增长间具有正向调节作用。有学者却认为，投资者情绪能导致上市公司投资水平提升，但管理者过度自信在其中起到中介作用（章细贞、曾宇虹，2016）；有学者认为投资者情绪可直接促进企业投资行为，并受盈余质量的调节（王海明、曾德明，2012）。也有学者用我国台湾地区 2012—2013 年数据实证得出：投资者情绪与过度投资显著正相关（Chen，2013）。罗斌元、梁丽娟和王豪（2019）用中国 2007—2017 年数据实证得出，投资者情绪与过度投资正相关，与投资不足负相关，并表明税收政策既能减弱正相关关系，也能抑制负相关关系。罗斌元、杨春红（2020）实证得出，投资者情绪高涨会带来企业过度投资，而投资者情绪低迷会带来企业投资不足，认为环境不确定性对二者的关系起到调节作用，并深入研究表明：由于环境的不确定性，相比国有企业，投资者过度自信对民营企业过度投资的抑制效果和投资不足的加剧效应更为显著，同时这种调节作用还存在区域差异性，呈东部、中部、西部逐渐增强的趋势。

综上所述，关于投资者非理性行为如何通过股价波动最终间接影响企业投资效率的研究还很少见。因此，本书在实证过程中，着力研究投资者的非理性行为如何通过股价波动最终影响企业投资。

3. 投资者非理性行为对企业非效率投资影响的研究假设

从上述文献梳理可以看出，股票市场投资者的非理性行为对上市公司投融资行为产生重要影响，主要通过三条路径来实现：其一是"股权融资依赖渠道"。投资者情绪高涨时，股权融资成本降低，使企业大量进行外源融资而大规模投资（Baker & Wurgler，2004），有可能投资一些净现值小于零的项目造成投资过度（具体见前述理论基础）。其二是"理性迎合渠道"。当投资者情绪变化时，企业选择迎合投资者情绪而安排投资项目，其投资行为随投资者情绪而改变（Polk & Sapienza，2009）。投资者非理性行为引起股票价格变动，在股价被高估时，管理者为追求股价最大化，会迎合投资者预期而提高企业投资水平；当股价被低估时，管理者则违背企业追求股价最大化目标，为维持生存发展，不得不考虑缩减投资，为维持和稳定股价，可能会动用现金回购股票。这种情况下，企业的投资决策和计划受到限制。其三是"虚假信号渠道"。企业管理者很难将股价中包括的投资者非理性剥离出来，因此股价反映的信息有偏差，会对投资决策产生影响。

不管是基于上述哪一种影响路径，在假设管理者为"理性"时，投资者的非理性行为对企业投资的影响，均以股票价格的波动为联结。当投资者过度自信或投资者情绪导致股价上涨时，企业融资约束减轻，导致大量股权融资而盲目投资，或基于迎合市场情绪而投资于一些浪费资源的项目；当股价下跌时，

迎合动机和低成本的资金来源不复存在,企业降低投资水平,导致一些净现值大于零的项目不能正常开工引起投资不足。

本书不考虑企业是否面临代理问题和融资约束,直接基于投资者非理性行为影响的股价波动,考察其对管理者投资决策的影响。本书认为企业不管是否面临代理问题和融资约束,投资者的非理性行为(此时管理者为理性经济人)会引起企业非效率投资,股价波动在二者之间起到中介作用,即投资者非理性行为通过股价的波动感染和带动,影响管理者的投资行为,可能使管理者做出有损企业的非效率投资。投资者非理性行为使股价上涨时,管理者会增加外源融资,扩大投资规模,造成投资过度;当股价大幅下跌时,管理者为稳定股价而回购股票,降低投资规模,可能放弃或推迟实施一些净现值大于零的投资项目,造成投资不足,因此提出以下有待检验的假设。

假设4:投资者非理性行为与企业投资规模正相关,并通过股价波动与企业非效率投资正相关,股价波动在二者间起到中介作用。

2.4 投资者和管理者非理性行为与企业非效率投资

本小节先论述投资者和管理者非理性的理论基础,然后对投资者和管理者的多种非理性行为共同影响企业非效率投资的文献进行综述,并提出研究假设。

2.4.1 行为公司财务管理理论——管理者非理性

公司财务管理是现代金融理论的核心内容,是关于企业如何进行财务决策,包括融资、投资及股利分配等,以实现企业价值或财富最大化的学说。行为公司财务理论实质上是在行为金融理论的框架下,研究外部市场的非有效性和内部管理者的非理性对企业的投融资行为、股利分配政策选择和重组并购等经营活动的影响。研究表明,管理者在投资决策过程中往往存在与最优策略相悖的非理性心理,如管理者的过度自信、个人风险偏好、短视心理、从众行为等,从而影响投资决策;另外,管理者在一定程度上还受到市场中其他投资者非理性行为的影响。

市场时机理论的假设前提是管理者理性而投资者非理性。然而,尽管公司治理以及各种激励措施可以在一定程度上使管理者以公司价值最大化为目标进行决策,但行为金融学认为,管理者的认知偏差不仅仅是代理问题所产生的,更在于管理者自身也是非理性的，比如过度自信和乐观等。这样，即使管理者仍然采取基于公司价值最大化的管理方式，但其自身难免的认知偏误或情绪因素等影响使得他们不可能达到"真正的理性"。

过度自信的管理者由于对公司投资项目收益的过分乐观估计以及对投资风险的忽视，容易误认为市场低估了公司的内在价值，这将导致两种非理性的融资行为。一方面，管理者选择了风险高而实际收益率高的项目，同时采取激进的融资政策，利用债券融资来支持投资，从而极大增加了公司财务风险；另一方面，过度自信的管理者会认为股权融资成本过高，同时他们又不愿意通过债务等外部融资来支持投资，只能依赖公司现金流，可能导致公司被迫放弃一些有价值的投资。同时，股票市场上投资者的心理偏差以及错误预期可能导致股价与公司内在价值的严重背离，这种非理性还诱导管理者进一步的非理性行为。显然，以上情况都将损害公司的长期利益。

2001年，美国学者Hersh Shefrin第一次提出"行为成本"观点，以刻画市场参与者的行为偏差让企业遭受的损失。"行为成本"是管理者受认知局限约束或其他内外因素影响而决策失误所导致的成本增加或价值损失。面临不确定的决策环境，管理者可能会无意识地做出一些违背理性的行为，而这种非理性的决策行为容易使管理者错失最优方案，导致不必要的成本增加或收入减少，这种成本增加或收入减少就形成了公司的行为成本。因此，管理者在投资过程中的行为偏差会导致企业投资效率低下，最终使公司价值遭受损失。

事实上，面对不确定环境，管理者在投资决策时是"有限理性"的，除股票市场上的托宾 Q 值外，在管理者心里也有一个自己的托宾 Q 值，这是管理者的托宾 Q 值，是以管理者心里认为的企业市场价值除以企业重置成本来计算的。

管理者心里认为的托宾 Q 值往往不同于股市中投资者的托宾 Q 值，其原因在于：管理者比投资者有更多的信息；即使信息集相同，管理者和投资者对信息的理解和对股价的预期也不同，因此，管理者认为的股票市场价格不同于真正的市场价格，所以管理者的托宾 Q 值可能高于股市中投资者的托宾 Q 值，也可能低于投资者的托宾 Q 值。

比如，如果管理者是过度自信的，其认为的托宾 Q 值一般会大于投资者的托宾 Q 值，因为管理者往往会认为市场存在信息不对称，会低估本企业的内在价值。如果管理者是非过度自信的，他们认为的托宾 Q 值可能会小于投资者的 Q 值，因为非过度自信的管理者往往拥有比较保守的心态，认为外界对自己的评价均带有夸大的成分。再比如，管理者如果是风险厌恶型的，那他

们的托宾 Q 值也可能会小于投资者的托宾 Q 值;管理者具有从众心理时,他们的托宾 Q 值可能会与市场上投资者的托宾 Q 值大致相同。

因此,在有限理性假设下,管理者和投资者均存在估价失误,不管管理者的托宾 Q 值相对于投资者的托宾 Q 值是高了还是低了,管理者都不一定会做出股权融资决策,也不一定会将新增资本进行投资。就像 Alti & Tetlock（2014）实证得出的结论那样,当股价高的时候,是上市公司增发股票的好机会,但实际上管理者不一定都会增发股票。所以,管理者是否融资或是否投资,面对许多不确定因素,管理者会在有限理性下尽可能做出自认为"理性"的判断。

2.4.2 投资者和管理者均非理性时对投资效率影响的文献综述

现实中投资者和管理者在做出决策时均容易处于"非理性"状态,并且二者做出的决策会对企业的投资效率产生相互影响和相互作用。已有文献大多分别研究投资者与管理者的非理性对投资的影响。有学者认为应将投资者和管理者这两大决策主体的非理性行为纳入同一框架进行研究（Montier,2007; Baker,Ruback & Wurgler,2007; Fairchild,2010）,这样更接近于实际情况。Nofsinger（2005）认为投资者的非理性行为会干扰管理者的非理性行为,从而导致管理者的各种决策出现偏差。Shefrin（2007）指出,企业管理者的情绪易受投资者情绪的影响,投资者情绪高涨会激起管理者的乐观和自信心理,从而做出一些可能会损坏公司价值的投资决策。Hirshleifer & Teoh（2008）指出,市场投资者的心理和行为具有"传染效应",投资者情绪会传染给管理者并影响其决策行为。

中国有部分学者近年来研究了投资者与管理者的非理性行为对企业投资行为的共同影响,但均是以管理者的非理性心理为中介变量进行的。例如,花贵如、刘志远（2011）通过实证研究得出投资者情绪影响管理者投资行为的"管理者乐观主义的中介路径"。后来,王海明（2012）、余丽霞和王璐（2015）、章细贞和曾宇虹（2016）及尚煜（2019）均研究认为投资者情绪和管理者投资行为间的中介变量是管理者过度自信。

这些研究都没有明确投资者非理性行为如何通过股价的波动影响企业非效率投资和股价波动在管理者非理性与企业非效率之间是否能起到调节作用。本书除实证研究管理者的各种非理性行为对企业非效率投资的直接影响外,还实证分析股价波动在投资者非理性行为与企业非效率间的中介效应,以及股价波动在管理者非理性与企业非效率间的调节作用,以彻底理清管理者非理性行为、投资者非理性行为以及企业非效率投资这三者之间的关系。

2.4.3 投资者和管理者均非理性时对投资效率影响的研究假设

梳理前述文献可知,大多数研究均是在假设一方理性,另一方有限理性时进行的,即在不考虑投资者的情况下管理者的非理性行为会直接影响企业的非效率投资;而在管理者理性假设下,投资者的非理性行为也会通过股价波动间接影响企业的非效率投资,即由投资者的非理性行为引起股价并非总是围绕其真实价值上下波动,而可能引起股价高估或低估。股价高估给企业融入低成本股权资金带来便利,股价低估使融资约束的企业雪上加霜,间接影响企业的投资决策行为,并且带来较多非效率投资。这两类决策者均通过不同方式和途径对企业非效率投资产生影响。由于在实际决策时,股市投资者和生产经营中的管理者都存在认知偏差,在实施决策过程中都容易出现非理性行为,二者的非理性行为并非独立存在,从某种意义上讲,二者对企业非效率投资是相互影响、相互作用的。目前少有研究将管理者和投资者的非理性放入同一框架进行研究,原因在于这两类决策者的非理性行为对企业非效率投资的影响方式较为复杂,影响程度以及影响时间不一样。

本书将管理者和投资者的非理性行为对企业非效率投资的影响纳入同一框架进行分析,认为当投资者的非理性行为影响企业的非效率投资时,管理者也是非理性的,他们心目中对自己公司股价的估值不同于投资者的估值,即管理者的托宾 Q 值不同于股市中投资者的托宾 Q 值。管理者在面对诸多不确定因素进行决策时,会尽可能做出自认为"理性"的判断,这种"理性"的判断通过其非理性的行为表现出来,容易加重企业的非效率投资。因此,投资者和管理者的非理性相互作用会增加企业的非效率投资。

因此,股价波动在管理者非理性行为与企业非效率投资间可能会起到正向的调节效应。所以本书提出如下有待检验的假设:

假设 5:有限理性的投资者和管理者的多种非理性行为共同作用时与非效率投资正相关,股价波动在管理者非理性行为与非效率投资间起到正向调节作用。

第 3 章 研究设计与研究方法

本章介绍投资者和管理者多种非理性行为影响企业非效率投资的研究对象、数据收集方法和研究模型、变量定义、描述性统计和相关检验等。

3.1 研究对象与数据收集方法

3.1.1 研究对象

一般情况下,研究管理者非理性对企业投资效率的影响采用公司层面的微观数据作为研究对象,而对股票市场与投资的有关研究则以总量数据为对象。但在使用总量数据的过往经验中发现若干问题,比如在加总周期性不同行业时,由于这些行为实施投资是不同步的,部分影响可能会被抵消,因此,为统一研究对象,本书的所有实证均选择公司层面的微观数据作为研究对象。

中国股市主要分为沪市主板和科创板及深市主板、中小板和创业板,一般能上市的公司都是各行各业的优质企业和龙头企业,所以,本书选取中国沪深股市上市的 A 股上市公司作为研究对象。

中国股票市场中国有企业上市股票较多,之前因为国有股和法人股不能在股票市场上进行交易,因此,股票市场上形成了"股权分置"现象①。随着中国股份制改革的不断推进,逐步实现同股同权,直至 2008 年"股权分置"解除,中国股市的流通性和流动性才正常化,托宾 Q 值才真正与股价正相关(扈文秀等,2013)。虽然中国政府在 2016 年实施营业税改增值税的税制改革,

---

① 股权分置是指 A 股市场上的上市公司股份按能否在证券交易所上市交易被区分为流通股和非流通股。流通股主要为社会公众股,非流通股大多为国有股和法人股。这是我国经济体制转轨过程中形成的特殊问题。股权分置不能适应资本市场改革开放和稳定发展的要求。

对各企业的资产账面价值和税后营利的计账方式有所改革,但从长期来看,并不影响本书研究问题的横向比较和纵向比较,因此本书选取中国股市 2009 年到 2018 年间的公司财务数据作为研究样本。

3.1.2 数据的收集方法及样本的选择

本书选择的研究对象的财务数据和股市数据都取于 Wind 资讯金融端数据库。为保证样本的实际研究意义,本书借鉴 Hongbin et al.(2016)的方法通过以下标准进行筛选得出研究的具体样本:第一,剔除财务数据不具备可比性的金融类上市企业。因为金融类上市企业所采用的会计制度与非金融类上市企业采用的会计制度不同,二者的财务数据不具有可比性;第二,剔除所有的 ST[①](Special Treatment)或 PT[②](Particular Transfer)和所有者权益为负的企业,因为 ST 股和 PT 股连续三年亏损,其经营业绩较差,反应在股市上的交易情况和价格波动特征较为特殊;第三,剔除上市年限不足 8 年的企业,目的是保证面板数据回归模型中滞后两期变量数据的完整性以及企业数据的稳定性;第四,剔除样本期间数据缺失的样本;第五,剔除上市公司当年度交易中少于 30 周以上的样本。

经过上述步骤的筛选,最终得到 11444 个研究样本,共计 1458 家上市公司 10 年的数据资料,其中,2009 年 1083 个,2010 年 1226 个,2011 年 1235 个,2012 年 1246 个,2013 年 1321 个,2014 年 1348 个,2015 年 1351 个,2016 年 882 个,2017 年 900 个,2018 年 852 个。具体见表 3.1。

表 3.1 总样本年度分布情况

年度	2009	2010	2011	2012	2013	2014	2015	2016	2017	2018	合计
全样本	1083	1226	1235	1246	1321	1348	1351	882	900	852	11444
过度自信样本	632	811	829	802	898	927	881	531	562	505	7378
非过度自信样本	451	415	406	444	423	421	470	351	338	347	4066

---

① 依据《公司法》和《证券法》规定,当一个公司连续两年亏损或者净资产低于股票面值的时候,在股票名称前就会加上"ST",如果在第三年,公司的经营未有改善,依旧处于亏损状态,股票名称前除"ST"外还会加上"*",即"*ST",提示该种股票有退市风险。

② PT 即特别转让。依据《公司法》和《证券法》规定,上市公司出现连续三年亏损等情况,其股票将暂停上市。沪深交易所对这类暂停上市的股票实施特别转让服务,并在其简称前冠以 PT,称之为 PT 股票。

在研究管理者非理性行为时，将总样本划分为过度自信和非过度自信两个子样本，对比上市公司每年年报盈利预测数据与实际盈利数据，如果盈利预测利润净增长率大于实际盈利净增长率，则视为过度自信，划分为过度自信子样本；相反，则判定为管理者非过度自信，划分为非过度自信样本。

3.2 研究方法与研究模型

本小节介绍研究方法及研究模型。

3.2.1 研究方法

本书结合传统投资理论和行为金融学理论研究，采用规范研究和实证研究相结合的方式，定性定量地研究多种管理者非理性行为对企业投资效率的直接影响，投资者多种非理性行为通过股价波动对企业投资效率的间接影响，以及当管理者和投资者二者均在有限理性假设下表现出来的非理性行为对企业投资效率的综合影响。

1. 规范分析法

本书在文献梳理的基础上进行理论分析，并客观地描述在有限理性假设下，管理者和投资者的非理性行为是如何单独和共同影响企业非效率投资的。主要分以下三个方面进行。

首先，研究投资者理性而管理者有限理性假设下，管理者的多种非理性表现形式（包括管理者过度自信、管理者风险偏好以及管理者从众行为）对企业非效率投资的影响机理。

其次，研究管理者理性而投资者有限理性假设下，投资者的两种非理性表现形式（包括投资者过度自信与投资者情绪）通过股价波动对企业非效率投资的影响路径，并从理论上通过公式推导股价波动在投资者非理性行为和企业非效率投资间起到的中介作用。

最后，研究管理者和投资者均为有限理性假设时，其非理性行为对企业非效率投资的综合影响，并从理论上论证由投资者非理性行为引起的股价波动在管理者非理性行为与企业非效率投资间起到的调节作用，构建一个基于管理者和投资者均有限理性假设的投资决策理论框架。

2. 实证分析法

本书在规范分析的基础上,选择 Richardson(2006)残差度量模型计量非效率投资,利用中国上市公司 2009—2018 年间的面板数据通过 Stata13.0 数据分析软件进行回归分析。所收集和筛选的数据是上市公司微观层面的面板数据,截面数量 1458 个,时间长度为 10 年,由于截面数量远大于时间长度,即为大 N 小 t 型面板数据,在实证分析时不需要严格的数据平稳性和协整检验。本书的实证分析分三个方面进行。

第一方面,选择盈利预测偏差计量管理者过度自信、管理者风险资产占总资产比例计量管理者风险偏好、企业投资水平偏离行业投资水平的程度计量管理者从众行为。首先使用混合最小二乘法 POLS 做回归。其次为更好地控制个体效应,使用面板数据的固定效应模型 FE 回归分析管理者的三种非理性行为共同对企业非效率投资的直接影响。为使模型回归结果更为稳健,采用 Bootstrap 法抽取 150 次获取标准误,并且设置 Seed 为 135 以保证结果可重复检验。最后控制管理者过度自信变量,将总体样本分为管理者过度自信和管理者非过度自信两个子样本,采用固定效应模型回归分析在管理者过度自信和非过度自信下,他们的从众行为和风险偏好对非效率投资的影响。在验证组间差异性的基础上,比较分析总体样本和分样本下管理者的从众行为和风险偏好对非效率投资的影响程度。

第二方面,选择动量效应作为投资者情绪的替代指标,股票换手率作为投资者过度自信的替代指标。首先用面板数据的固定效应回归分析法研究发现,投资者过度自信和投资者情绪的变动均会使股价偏离企业基本面信息,导致市场股票错误定价。为保证结果的稳健性,再采用动态面板数据的系统广义矩估计 SYS-GMM(System Generalized Method of Moments,系统广义矩估计)方法进行回归。其次采用固定效应回归和系统矩估计回归法,用工具变量处理其内生性问题后,验证投资者非理性行为对股价波动的影响。最后将总体样本按股价波动进行分组,同样采用系统矩估计回归法和比较分析法实证股价高估与股价低估对企业非效率投资影响的差异性。

另外,为验证股价波动在投资者非理性行为与企业非效率投资间的中介效应,本书先进行固定效应回归,然后使用 Sobel-Goodman 逐步分析法检验各方程回归系数是否显著来验证中介效应的存在。

第三方面,以投资者过度自信和管理者的三种非理性行为以及股价波动为解释变量,并加入管理者过度自信、管理者风险偏好、管理者从众行为分别与股价波动的交互项为解释变量，以非效率投资为被解释变量，采用固定效应模型回归法验证投资者非理性行为引起的股价波动在管理者非理性与企业非效率投资间存在的调节作用。

总之，本书在规范分析的基础上进行实证研究，使书中提出的假设不仅有充分的理论依据，而且得到实证检验支持，达到定性分析与定量分析的统一。

3.2.2 研究模型

根据前述理论基础与研究假设，本书假设管理者和投资者均为有限理性经济人，探讨各种不同的非理性表现形式对企业非效率投资的影响，其研究假设框架如图3.1。

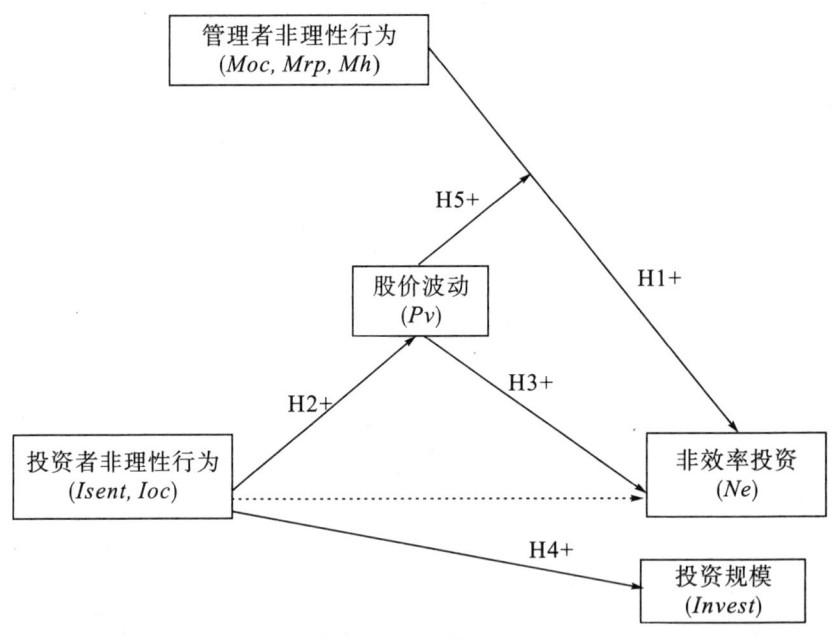

图3.1 研究框架

注：Moc 为管理者过度自信，Mrp 为管理者风险偏好，Mh 为管理者从众行为，$Isent$ 为投资者情绪，Ioc 为投资者过度自信，Pv 为股价波动，Ne 为非效率投资，$Invest$ 为企业投资规模。

H1+：Moc、Mrp、Mh 与 Ne 正相关。

H2+：Ioc、$Isent$ 与 Pv 正相关。

H3+：Pv 与 Ne 正相关，且股价高估与过度投资正相关，股价低估与投资不足负相关。

H4+：$Isent$、Ioc 与 $Invest$ 正相关，并且通过 Pv 与非效率投资正相关。

H5+：Moc、Mh、Mrp、Ioc、Pv 与 Ne 正相关，并且 Pv 能正向调节管理者非理性

行为和非效率投资的关系。

1. 管理者非理性行为影响企业非效率投资的模型

本书假设 1 为管理者的三种非理性行为（管理者过度自信、管理者风险偏好和管理者从众行为）均对企业非效率投资有正向影响，其计量模型设定如下：

$$Ne_{i,t} = \beta + \beta_1 Moc_{i,t} + \beta_2 Mrp_{i,t} + \beta_3 Mh_{i,t} + \beta_n Controls_{i,t} + \varepsilon_{i,t}$$

（模型 3-1）

该模型中 Ne 指企业非效率投资，为前述 Richardson 的预期投资模型测算的非效率的绝对值，该指标越大，代表过度投资或投资不足程度越严重。Moc 是管理者过度自信，Mrp 指管理者风险偏好，Mh 指管理者从众行为，$Controls$ 是影响企业非效率投资的控制变量。

利用面板数据回归该模型，验证管理者的三种非理性行为对企业非效率投资产生的直接影响。从前述理论基础可以看出，需要验证的是 β_1、β_2、β_3 系数是否为正并且是否显著。预期的系数 β_1、β_2、β_3 均显著为正。

由于本书假设 1-1 和假设 1-2 需要分别验证管理过度自信和非过度自信时他们的风险偏好和从众行为对企业非效率投资的影响，因此将总样本按管理者是否过度自信分为过度自信和非过度自信两个子样本（朱广印、西爱琴和丁建勋，2014）；将每年年报盈利预测的利润净增长率大于实际盈利净增长率的样本视为管理者过度自信样本（Voon, Lin & Ma, 2016），相反则划分为管理者非过度自信样本。设定如下计量模型进行验证：

$$Ne_{i,t} = \beta + \beta_1 Mrp_{i,t} + \beta_2 Mh_{i,t} + \beta_n Controls_{i,t} + \varepsilon_{i,t} \quad (模型 3-2)$$

假设 1-1 预期管理者过度自信时，其风险偏好和从众行为与企业非效率投资均正相关，即在管理者过度自信样本下，预期的系数 β_1、β_2 显著为正；本书假设 1-2 预期管理者非过度自信时，其风险偏好与企业非效率投资负相关，而从众行为与企业非效率投资正相关，即在管理者非过度自信样本下，预期 β_1 显著为负，而 β_2 显著为正。

2. 投资者非理性行为对股价波动影响的模型

本书假设 2 为投资者的情绪和过度自信两种非理性行为的共同作用与股价波动正相关，其计量模型如下：

$$Pv_{i,t} = \beta + \beta_1 Isent_{i,t} + \beta_2 Ioc_{i,t} + \beta_n Controls_{i,t} + \varepsilon_{i,t} \quad (模型 3-3)$$

其中，Pv 指股价波动，$Isent$ 和 Ioc 分别代表投资者情绪和投资者过度自

信。假设 2 预期投资者情绪与投资者过度自信对股价波动的影响是显著正相关的，因此这里的系数 β_1、β_2 预期应为正，即股价波动与投资者情绪和投资者过度自信的方向一致。

本书将前述 11444 个研究样本调整为面板数据进行固定效应的回归分析，为保持计量结果的稳健性，在内生性检验的基础上选取合适的工具变量并采用 SYS-GMM 回归方法进行检验。

3. 股价波动对企业非效率投资影响的模型

本书假设 3 为股价波动与企业非效率投资正相关，股价高估（或低估）时增加过度投资（或投资不足）。其计量模型如下：

$$Ne_{i,t} = \beta + \beta_1 Pv_{i,t} + \beta_n Controls_{i,t} + \varepsilon_{i,t} \quad (模型\ 3-4)$$

其中，Ne 为企业非效率投资，Pv 为股价波动，$Controls$ 为控制变量。这里预期系数 β_1 应为正，即股价波动与企业非效率投资之间呈正相关关系。为进一步验证股价高估（低估）时增加过度投资（投资不足），将面板数据按股价波动的大小平均分为高中低三组，然后利用高估组数据和低估组数据分别验证股价高估和低估对企业非效率投资表现形式的作用。

4. 投资者非理性行为对企业非效率投资影响的模型

本书假设 4 为投资者的两种非理性行为的共同作用与企业投资规模正相关，并通过股价波动与企业非效率投资正相关，股价波动在二者间起到中介作用。由于企业投资规模不同于企业非效率投资，因此，先构建模型 3-5 验证投资者非理性行为与企业投资规模正相关，然后再设计模型 3-6 验证投资者非理性行为间接影响企业非效率投资。其计量模型如下：

$$Invest_{i,t} = \beta + \beta_1 Isent_{i,t} + \beta_2 Ioc_{i,t} + \beta_3 Pv_{i,t} + \beta_n Controls_{i,t} + \varepsilon_{i,t}$$
$$(模型\ 3-5)$$

$$Ne_{i,t} = \beta + \beta_1 Isent_{i,t} + \beta_2 Ioc_{i,t} + \beta_3 Pv_{i,t} + \beta_n Controls_{i,t} + \varepsilon_{i,t}$$
$$(模型\ 3-6)$$

其中，$Invest$ 为投资规模，Ne 为企业非效率投资，$Isent$ 和 Ioc 分别代表投资者情绪和投资者过度自信，Pv 为股价波动，$Controls$ 为控制变量。通过回归模型 3-5 检验投资者非理性行为对投资规模的正向影响，预期模型 3-5 中 β_1、β_2、β_3 均为正；通过回归模型 3-6 检验投资者非理性行为对企业非效率投资的影响，预期模型 3-6 中的 β_1、β_2、β_3 均为正。再对模型 3-3、3-4 和 3-6 股价波动在投资者非理性行为和企业非效率投资间的中介效应进行

Sobel 检验。

5. 管理者与投资者的非理性行为共同影响企业非效率投资的模型

本书假设 5 为投资者和管理者的多种非理性行为的共同作用与非效率投资正相关,且股价波动在管理者非理性行为与非效率投资间起到正向调节作用。为验证前半部分的共同作用,本书设计如下计量模型,并预期所有自变量的系数均显著为正:

$$Ne_{i,t} = \beta + \beta_1 Moc_{i,t} + \beta_2 Mrp_{i,t} + \beta_3 Mh_{i,t} + \beta_4 Pv_{i,t} + \beta_n Controls_{i,t} + \varepsilon_{i,t}$$

(模型 3-7)

为进一步验证股价波动的调节作用,将股价波动分别与管理者过度自信、管理者风险偏好和管理者从众行为三者的交互项加入模型,得到模型 3-8:

$$Ne_{i,t} = \beta + \beta_1 Moc_{i,t} + \beta_2 Mrp_{i,t} + \beta_3 Mh_{i,t} + \beta_4 Pv_{i,t} + \beta_5 Moc_{i,t} \times Pv_{i,t} \\ + \beta_6 Mrp_{i,t} \times Pv_{i,t} + \beta_7 Mh_{i,t} \times Pv_{i,t} + \beta_n Controls_{i,t} + \varepsilon_{i,t}$$

(模型 3-8)

在加入股价波动分别与管理者过度自信、管理者风险偏好和管理者从众行为三者的交互项后,如果股价波动的调节效应成立,预期模型 3-8 中的交乘项系数 β_5、β_6、β_7 均显著为正。

3.3 变量定义与衡量

本书研究的投资者和管理者分别是指股票市场上的所有投资者(既包括机构投资者也包括个人投资者)和上市公司经营管理者(包括 CEO、总经理、财务总监等参与公司高层投资管理决策的管理人员)。由于书中的管理者包括企业所有高层管理者,因此,研究对非效率投资的影响时应避开由企业内部的代理问题产生的非效率,仅研究管理层在投资决策时受心理偏差影响的非理性投资行为导致的非效率投资。

3.3.1 企业非效率投资(Ne)

本书借鉴 Richardson(2006)的残差度量模型来测量企业投资效率,该模型将公司投资总额分为资本维护保持支出与新增项目投资支出两部分。新增投资支出包括预期新增净现值为正的项目投资以及非预期投资额,模型用影响公司新增投资的各项因素（投资机会、资产负债率、现金存量、上市年限、公司规模、公司股票回报率以及上一期间公司投资支出）回归计算预期公司新增投资，回归模型中的残差（预期新增投资与实际新增投资的偏差）即为新增的非预期投资（称非效率投资），如残差为正为投资过度（Over-ne），残差为负为投资不足（Under-ne）。

回归模型如下：

$$I_{new,t} = \alpha + \beta_1 Growth_{t-1} + \beta_2 Lev_{t-1} + \beta_3 Cash_{t-1} + \beta_4 Age_{t-1} + \beta_5 Size_{t-1} \\ + \beta_6 Stock Return_{t-1} + \beta_7 I_{new,t-1} + \sum Year + \sum Industry + \varepsilon$$

（模型3-9）

其中，α 为常数项；β 为各变量系数；ε 为残差项，代表公司的非效率投资程度；$\sum Year$ 和 $\sum Industry$ 为时间和行业的哑变量。

$Growth_{t-1}$ 为 $t-1$ 年的成长机会变量，是公司成长能力及绩效的体现。一般公司的成长机会越强，投资支出越大。用公司主营业务收入增长率来衡量。

Lev_{t-1} 为 $t-1$ 年的资产负债率，用于控制公司的负债水平对投资的影响，一般来说负债水平越高，公司投资水平越高。

$Cash_{t-1}$ 为 $t-1$ 年的货币资金存量，用公司 $t-1$ 期的货币资金与交易性金融资产之和表示，为消除规模的影响，该值在计算时除以公司的期初期末总资产的平均余额。

Age_{t-1} 为企业 $t-1$ 年的上市年限，一般公司的上市年限越长，其投资行为越规范，也就是说越成熟的公司其投资决策越趋于理性。

$Size_{t-1}$ 为 $t-1$ 年公司规模，用公司 $t-1$ 年期末总资产的自然对数进行分析，一般来说公司规模在一定程度上影响投资支出，规模越大，投资增长的水平越高。

$Stocchreturn_{t-1}$ 为 $t-1$ 年股票回报率，一般来说股票回报率与企业投资支出正相关。用公司股票的年度收益率来衡量。

$I_{new,t-1}$ 为 $t-1$ 年企业新增投资额，为公司投资的惯性，用公司 $t-1$ 年的投资水平表示。本书借鉴张功富（2009）的计量方法，使用公司 $t-1$ 年的资本投资支出与 t 年初年末总资产平均余额的比值来衡量，其中 $t-1$ 年的资本投资支出使用公司 $t-1$ 年的现金流量表中"购建固定资产、无形资产和其他长期资产所支付的现金"来表示。

$I_{new,t}$ 为 t 年新增投资支出。

具体变量定义如表3.2。

表 3.2 Richardson 预期资本投资残差模型变量定义

变量	变量符号	变量名称	变量解释
被解释变量	$I_{new,t}$	t 年新增投资额	t 年购建固定无形资产和其他长期资产支付的现金/t 年期初期末总资产的平均值
解释变量	$Growth_{t-1}$	$t-1$ 年成长机会	$t-1$ 年末主营业务收入增长率
	Lev_{t-1}	$t-1$ 年的资产负债率	$t-1$ 年期末资产负债率
	$Cash_{t-1}$	$t-1$ 年现金存量	$t-1$ 年年末(货币资金+交易性金融资产)/$t-1$ 年期初期末总资产的平均值
	Age_{t-1}	$t-1$ 年上市年限	$t-1$ 年上市年限的自然对数
	$Size_{t-1}$	$t-1$ 年公司规模	$t-1$ 年年末总资产的自然对数
	$Stocchreturn_{t-1}$	$t-1$ 年股票回报率	($t-1$ 年年末股价 - $t-1$ 年年初股价)/$t-1$ 年年初股价
	$I_{new,t-1}$	$t-1$ 年企业新增投资	$t-1$ 年年末购建固定资产、无形资产和其他长期资产支付的现金/$t-1$ 年期初期末总资产的平均值

根据残差模型采用 Stata 软件对上述样本进行分年度回归计算残差，得出残差为正值的有 4113 个样本，残差为负值的有 7311 个样本（见表 3.3），即 2009—2018 年中国上市公司出现过度投资的样本占总样本的 35.94%，投资不足的样本占 64.06%。该结论与张功富（2009）以及黄毅、张玉明（2016）的研究结论大致一致，他们分别以中国工业企业（2001—2006）和山东省（2010—2014）为样本进行研究，得出中国上市公司投资过度的样本占 30% 多，而投资不足的样本占 60% 多。

表 3.3 残差模型回归结果——非效率程度

变量	样本	最大值	最小值	均值	标准差	比率（%）
投资不足（负残差）	7331	0	-0.4896	-0.0633	0.0577	64.06%
过度投资（正残差）	4113	0.6050	0	0.1129	0.1264	35.94%
合计	11444	—	—			

3.3.2 公司股价波动（Pv）

字面意义的股价波动是指上市公司的股票在股票流通市场上买卖价格的变

动,而衡量股价波动大多采用股票价格的标准差来计算（Saha, Bhuiyan & Rahman, 2014）。由于本书研究的股价波动是指由于投资者非理性行为引起的股票定价偏离基本面价格的部分,类似于一些学者研究的股市价格泡沫（Gilchrist et al., 2013）,但又不完全等同于价格泡沫。因此,本书依据前述托宾 Q 值的做法,用托宾 Q 值来表示股价波动,能很好地表示由投资者非理性行为引起的股价偏离基本面的程度。因为托宾 Q 值等于公司市场价值除以账面重置成本,后者为公司基本面价格,当前者大于后者时,即 $Q>1$,说明股票价格向上波动,股票价格信息高于其基本面价格信息,其大于1的部分则为投资者对公司未来的非理性预期高于其内在价值的程度；反之亦然,当市场价值小于账面价值时, $Q<1$,说明股票价格向下波动,股票价格信息低于公司基本面价格信息。

Q 值 =（年末负债 + 流通股市值 + 非流通股数量 × 每股净资产）/［（期初总资产 + 期末总资产）/2］

3.3.3 管理者过度自信（Moc）

管理者过度自信是一种心理特征,难以用数据准确度量。本书借鉴并拓展 Voon et al.（2006）以及李葳、沈颂东（2020）等文献所采用的盈利预测偏差法来判定管理者是否过度自信,并在实证分析过程中,将管理者年报盈利预测超过实际盈利数据的比率作为过度自信的连续变量。

具体计算方法为：

管理者过度自信 =（t 年年报盈利预测利润增长率 - t 年实际利润增长率）/t 年实际利润增长率

在划分子样本时,将上市公司每年年报盈利预测数据与实际盈利数据对比,如果盈利预测利润净增长率大于实际盈利净增长率,则视为过度自信,划分为过度自信子样本；相反,则判定为管理者非过度自信,划分为非过度自信子样本。

3.3.4 管理者风险偏好（Mrp）

本书借鉴目前最为常用的自定义指标"风险资产占总资产的比重"（Chen et al., 2011）来度量。由于风险偏好与个人财富收入的结构有显著相关关系（Moers, 2000）,管理者的财富收入包括安全的财富收入（即薪酬）和权变的报酬（即公司股价波动带来的收益）两部分。其中"薪酬"是管理者获得的相对稳定和相对安全的无风险资产；而"权变报酬"是管理者获得的相对不稳定和有风险的风险性资产,因为"权变报酬"会随着公司股价的波动而变动。当公司股价上升带来管理者财富中权变报酬的增加,管理者会更偏好接受更多的风险,其投资过程中表现出来的风险偏好程度会越高。因此企业管理者的风险偏好程度可由管理者的个人财富中的风险资产(即权变报酬)的比重来度量。

其计算公式如下:

$$Mrp_{i,t} = \frac{Vp_{i,t} - Vp_{i,t-1}}{(Vp_{i,t} - Vp_{i,t-1}) + S_{i,t}} \tag{3-1}$$

其中,$Mrp_{i,t}$为样本i的管理者在t期的风险资产比例,$(Vp_{i,t}-Vp_{i,t-1})$为样本i的管理者在t期的权变报酬(即风险资产),$Vp_{i,t}$为样本i的管理者在t期所持的其任职公司的股票价格,$Vp_{i,t-1}$为样本i的管理者在$t-1$期所持的其任职公司的股票价格,$S_{i,t}$为样本i的管理者在t期从所任职公司获得的安全的薪酬收入(即薪酬)。当该指标越大,说明管理者的风险偏好程度越高,反之则风险偏好程度越低。

3.3.5 管理者从众行为(*Mh*)

本书借鉴武艳(2016)等的观点,采用企业投资水平和行业平均投资水平的偏离程度来衡量管理者从众行为。用单个企业的投资支出水平与其所在行业同期平均投资水平进行对比,如果二者相差越大,说明企业投资行为与行业的投资差异越大,管理者的从众投资程度越小;如果相差越小,说明企业投资行为与行业的投资差异越小,管理者的从众投资程度越大。本书用$Mh_{i,t}$指标来表示企业投资水平与其所在行业同期平均投资水平的偏离程度。

具体计算公式:

$$Mh_{i,t} = \frac{|I_{i,t} - \hat{I}_{i,t}|}{Ass_{i,t}} \tag{3-2}$$

其中,$I_{i,t}$代表i企业第t年固定资产、在建工程、无形资产投资增量,即年度内固定资产、在建工程、无形资产净值变化加上年度内折旧额;$\hat{I}_{i,t}$代表包括i企业在内的本行业第t年固定资产、在建工程、无形资产投资增量平均值;$Ass_{i,t}$代表i企业第t年期初期末总资产的平均值。指标除以总资产平均值主要是为了剔除企业规模对该指标的影响。式中$Mh_{i,t}$越小,表明投资偏离度越小,管理者从众程度越大。由于该指标是一个逆向指标,本书利用该指标的相反数进行实证分析,这样使研究结果更容易理解。

3.3.6 投资者情绪(*Isent*)

对投资者情绪的度量方法在现有研究中已经比较成熟,主要的度量方法包括客观指标、主观指标和综合指标三大类。这在前面文献综述中已有介绍。本书采用使用较为广泛的动量效应指标来衡量投资者情绪（Baker & Wurgler，2006；Ben-Ami et al.，2014；尚煜，2019）。动量效应用股票收益率来表示，股票收益率越高，投资者对该股票的投资情绪越乐观；股票收益率越低，投资者对该股票的投资情绪越悲观。本书用企业前一年1月至12月每个月的月度股票累计收益率之和的平均数来表示动量效应。

其具体计算公式如下：

$$Isent_{i,t} = \frac{1}{12}\sum_{j=1}^{12} R_{i,t-1,j} \quad (3-3)$$

其中，$Isent_{i,t}$代表i企业第t年的投资者情绪；$R_{i,t-1,j}$代表月度股票收益率，即i企业第$t-1$年的第j月（j为1—12月）股票收益率，该股票收益率为（当月最后一天股票收盘价－当月第一天股票开盘价）/当月第一天股票开盘价计算，即月度股票收益率。

3.3.7 投资者过度自信（Ioc）

在前述论述的基础上，本书借鉴叶建华（2014）等的做法，采用股票换手率来度量投资者的过度自信水平。换手率越高，表示投资者越相信自己能通过交易获得高于平均水平的收益率，因此出于投机目的的交易越频繁。

其具体测量公式如下：

$$Ioc_{i,t} = \frac{Vol_{i,t}}{Nts_{i,t}} \times 100\% \quad (3-4)$$

其中，$Ioc_{i,t}$为投资者过度自信，$Vol_{i,t}$为i公司第t年总交易量，$Nts_{i,t}$为i公司第t年年初流通股股数。该指标越高说明投资者越过度自信。

3.3.8 控制变量（Controls）

由于企业投资行为和投资效率可能受到其他因素的影响，因此根据相关理论及文献（Hongbin et al.，2016），本书还设置了企业规模Size、财务杠杆Lev、企业成长机会Growth、现金持有量Cash、自由现金流量Cf、总资产利润率Roa作为控制变量。其中：企业规模用企业期初总资产与期末总资产的平均余额的对数来表示，取对数值的目的在于去除各企业规模的不同，便于进行横向比较；企业财务杠杆直接用企业期末负债总额与企业期末资产总额的比值来表示；企业成长机会用企业营业收入的增长率来表示，营业收入增长越多表明企业成长性越强；现金持有量用企业持有的货币资金总额除以期初、期末的总资产平均余额来表示，除以总资产平均余额的目的在于去除各企业规模大小的影响；自由现金流量用企业经营活动产生的净现金流量与期初、期末总资产平均余额的比值来表示，除以总资产平均余额的目的是规避各企业规模大小的影响，便于进行横向比较；总资产利润率也将企业当年的净利润除以期初、期末总资产的平均余额来计算，目的在于去除企业规模带来的影响。

具体控制变量定义如表 3.4 所示。

表 3.4 研究控制变量定义

变量名称	变量代码	变量定义
企业规模	$Size$	ln［（期初总资产＋期末总资产）/2］
资产负债率	Lev	期末总负债/期末总资产
企业成长机会	$Growth$	营业收入增长率
现金持有量	$Cash$	货币资金/［（期初总资产＋期末总资产）/2］
自由现金流量	Cf	经营活动中产生的净现金流量/［（期初总资产＋期末总资产）/2］
总资产利润率	Roa	净利润/［（期初总资产＋期末总资产）/2］

3.4 描述性统计与单位根检验

3.4.1 描述性统计结果

本书主要变量的描述性统计数据如表 3.5 所示，分别显示全部样本和管理者过度自信以及管理者非过度自信两个子样本相关的各变量的均值、标准差、最小值和最大值。这些数值全部为未进行量纲化处理之前的原始数据，为保证数据分析结果的可比性，将所有变量指标缺漏值删除，所以每个变量指标的观察值的数量都是相同的，全部样本共计 11444 个观察值，过度自信样本共计 7378 个观察值，非过度自信样本共计 4066 个观察值。

表 3.5 主要变量的描述性统计结果

样本	变量	均值	标准差	最小值	最大值
总样本 (11444)	Ne	1.68E−10	0.1226	−0.4896	0.6050
	Absne	0.1533	0.0919	0.0000	0.6050
	Invest	0.1782	0.4463	−0.2307	14.0839
	Moc	102.70	4228.72	−101946.40	345207.30
	Mh	−0.3344	2.9508	−162.7235	0.7159
	Mrp	0.0647	18.0457	−1296.6060	357.8264
	Ioc	3.6659	2.5865	0.2803	125.0108
	Isent	0.6756	19.7119	−86.5142	574.8645
	Pv	2.5840	7.6675	0.1528	715.9448
	Size	22.2315	1.4042	14.9416	28.5200
	Lev	0.5041	20.4821	0.0071	1.4364
	Growth	0.2492	383.3240	−1.1521	367.5320
	Roa	0.0341	6.9768	−0.9986	0.9285
	Cash	0.1788	0.1368	0.0002	1.9120
	Cf	0.0444	0.0941	−1.2121	0.9319
过度自信样本 (7378)	Absne	0.1486	0.0903	0.0000	0.5962
	Mh	−0.3738	2.9517	−162.7235	0.7159
	Mrp	0.0573	22.4139	−1296.606	357.8264
	Pv	2.2624	3.8525	0.1528	259.1459
非过度自信 样本 (4066)	Absne	0.1621	0.0947	0.0000	0.6050
	Mh	−0.3118	2.9491	−131.3592	0.6311
	Mrp	−0.2859	2.2166	−65.0737	94.3331
	Pv	2.4679	11.7701	0.71096	715.9448

从全样本观察值可以看出中国上市公司的非效率投资（Ne）的最大值为 0.6050，最小值为 −0.4896，说明中国上市公司的过度投资程度大于投资不足程度。结合前述对非效率投资的统计（见表 3.3），投资不足的样本为 7331，占总样本的 64.06%，虽然投资不足的样本较多，但其投资不足的程度相对投资过度的程度要小。

从投资支出（$Invest$）统计可以看出，中国上市公司的投资支出（购建固定资产、无形资产以及其他长期资产的总合）在总资产平均余额中所占比重的均值为 17.8200%，个别公司的投资支出水平极高，最大值达到 1408.39%，最小值为 −23.0700%，可见不同公司的实际投资水平差别很大。

管理者过度自信（Moc）均值为 102.70，标准差为 4228.72，最大值为 345207.30，最小值为 −101946.40，说明管理者盈利预测增长率超过公司实际利润增长率的比率的平均值为 102.70%。数据还表明，过度自信的样本为 7317 个，非过度自信的样本为 4066 个，其最大值和最小值的绝对数值都比较大，说明中国上市公司的管理者的过度自信特征比较明显，大多数时候都倾向于过度自信，且过度自信的程度远超过非过度自信程度，表现出了较大的标准差。

管理者从众行为（Mh）的均值是 −0.3344，即上市公司的投资偏离同行业投资平均水平的均值较小，也说明上市公司的从众行为较大。最小值为 −162.7235，最大值为 0.7159，说明最小值偏离度较最大值偏离度高出许多，表示上市公司的投资水平普遍小于同行业的投资均值。

管理者风险偏好（Mrp）均值为 0.0647，最小值为 −1296.6060，最大值为 357.8264，说明中国上市公司管理者个人财富收入中权变财富收入的比值平均为 6.47%，其风险偏好程度并不高。

而表示微观企业股价波动（Pv）的指标 Q 值，平均值为 2.5840，远大于 1，显示我国上市公司的股价存在普遍高估现象，公司市值是公司账面价值的两倍多。同时，该值在企业间差距也非常大，最小值只有 0.1528，而最大值却高达 715.9448。

从控制变量看，中国上市公司的规模（$Size$）较为适中，总资产的自然对数的均值为 22.2315，从这个数据很难看出企业间规模的差别，但由于原始数值是以 e 为底的指数，因此公司间的规模差异还是相当大的。

资产负债率（Lev）的均值为 0.5041，说明样本公司资产负债率总体平均水平为 50.41%，杠杆率较为适中。标准差为 20.4821，可以看出各公司杠杆的差异还是很大的，其最大值能达到 143.64%。

投资机会（$Growth$）即公司的主营业务增长率均值为 24.92%，说明大多数公司产品处于成长期，未来会继续持续不断增长，企业的成长机会较多。

但总资产净利率（Roa）仅为 3.41%，比一年期贷款利率还低，可见整体微观企业的资产获利率较低，不少企业是负收益。从这一点可以看出一些上市公司的投资效率存在严重的问题，因此研究非效率投资至关重要。

现金持有量（$Cash$）占总资产的比率为 17.88%，即公司平均持有 17.88% 的资产是获利能力最弱的库存现金、银行存款和其他货币资金，可见公司的资金还是比较充裕的。但由于现金持有的机会成本很高，因此并非持有越多越好。现金持有过多会降低企业收益水平，影响企业固定资产的积累和做大做强。

经营活动现金净流量（Cf）占总资产的比重为 4.44%，该值虽小，但体现的是公司经营活动产生的现金净流量。均值是正数，说明公司经营活动现金流入大于现金流出，总体上现金状况较为稳定。一般在中国有资格申请上市的公司都是行业中的佼佼者，这些公司经营活动产生的现金净流量为正，说明具有"自我造血"的功能，有扩大规模进行投资的本钱。

在过度自信样本中管理者从众行为均值（-0.3738）和非过度自信样本中从众行为均值（-0.3118）都是负数，表示样本企业的投资水平总体上低于行业平均投资水平，且过度自信样本均值的绝对值大于非过度自信的绝对值，基本能说明非过度自信的管理者从众行为多于过度自信管理者的从众行为。过度自信样本中管理者风险偏好均值（0.0573）大于非过度自信样本下的风险偏好均值（-0.2859），说明过度自信管理者风险偏好水平高于非过度自信管理者的风险偏好水平。这同时也显示本书提出的假设有可能成立（即过度自信的管理者风险偏好水平更高，而非过度自信的管理者的从众行为更为突出）。

另外从整体上看，由于是原始数据，许多变量的标准差与均值偏离度较大，数据存在离群值，因此，本书在实证研究时对原始数据采用 5% 的缩尾处理。

3.4.2 单位根检验结果及膨胀因子 VIF 检验

实证分析中，非平稳的经济时间序列往往表现出共同的变化趋势，但序列本身可能并不存在直接的关联。因此，即使这些回归估计具有较高的拟合度，其结果并不一定具有实际意义，即通常所说的"虚假回归"或"伪回归"。由于面板数据中时间趋势的存在，为了确保估计的有效性，避免出现模型伪回归问题，本书采用单位根检验对各主要变量的相关数据进行平稳性检验。

面板数据单位根检验主要有 Madfuller 法（大 t 小 N）（Taylor & Sarno, 1998）、Fisher 法（Maddala & Wu, 2010）、Levin-Lin-Chu 法（LLC 检验）（Levin, Lin & Chu, 2002）、Im-Pesaran-Shin 法（IPS 检验）（Im, Pesaran & Shin, 2003）、Hadrilm 检验法（Hadri, 2010）。此处利用目前针对大 N 小 t 最为常用的同时考虑截面的异质性（个体效应）和干扰项的序列

相关问题的LLC检验方法对面板数据进行检验。该方法原假设为：面板中的所有截面对应的序列都是非平稳的，即服从一阶单整的过程。如统计量检验 p 值拒绝原假设，则认为所有序列均平稳。备择假设为：若原假设被拒绝则所有序列均平稳。其统计量是对单个截面执行单位根 ADF 检验后得到的 t 值的平均值，并作相应调整，该统计量在原假设下服从正态分布。表 3.6 的检验结果显示所有变量的单位根检验 p 值表明高度拒绝原假设，变量的所有序列零阶单整，通过平稳性检验，说明本书接下来所做的回归分析不存在伪回归现象。

表 3.6 主要变量 LLC 面板数据单位根检验（2009—2018 年）

变量	相关系数	t 值
$Isent$	−1.2468***	−100.436
Ioc	−0.7703***	−73.368
Moc	−0.9700***	−212.884
Mh	−0.5293***	−65.823
Mrp	−0.8744***	−82.488
If	−0.9759***	−87.797
pv	−0.6106***	−57.401
$Size$	−0.1746***	−31.023
Lev	−0.6269***	−76.554
$Growth$	−1.0956***	−103.391
Roa	−0.7425***	−74.772
$Cash$	−0.7447***	−75.337
Cf	−1.0271***	−93.040

注：*** $p<0.001$。

为检验本书研究模型各变量是否存在多重共线性问题，计算面板数据的膨胀因子（VIF）（Newey & West，1987），如表 3.7 所示，各模型各变量的 VIF 均值在 1.35 左右，均小于 10，说明变量间确实不存在多重共线性问题。

表 3.7 各模型的 VIF 检验结果

变量	模型 3-1		模型 3-2		模型 3-3		模型 3-4		模型 3-5	
	VIF	1/VIF	VIF	1/VIF	VIF	1/VIF	VIF	1/VIF	VIF	1/VIF
Moc	1.01	0.9938							1.01	0.9913

续表

变量	模型3-1		模型3-2		模型3-3		模型3-4		模型3-5	
	VIF	1/VIF	VIF	1/VIF	VIF	1/VIF	VIF	1/VIF	VIF	1/VIF
Mrp	1.06	0.9470							1.06	0.9389
Mh	1.55	0.6443							1.58	0.6311
$Isent$							1.23	0.8159	1.24	0.8078
Ioc			1.23	0.8110			1.25	0.7998	1.26	0.7963
Pv			1.21	0.8287	1.48	0.6779	1.54	0.6475	1.58	0.6343
$Size$	1.80	0.5568	1.35	0.7429	1.62	0.6154	1.65	0.6047	1.92	0.5203
Lev	1.52	0.6581	1.52	0.6590	1.51	0.6622	1.54	0.6507	1.55	0.6437
$Growth$	1.13	0.8847	1.13	0.8884	1.13	0.8884	1.13	0.8879	1.13	0.8841
Roa	1.59	0.6273	1.62	0.6157	1.60	0.6255	1.64	0.6092	1.66	0.6016
$Cash$	1.13	0.8853	1.13	0.8859	1.13	0.8837	1.13	0.8826	1.13	0.8813
Cf	1.20	0.8316	1.20	0.8299	1.20	0.8314	1.21	0.8294	1.21	0.8286
均值	1.33		1.30		1.38		1.37		1.36	

第4章 实证过程与研究结果

本章在前面假设和研究设计基础上进行实证研究,研究主要包括三个部分:第一部分研究管理者非理性行为对企业非效率投资的直接影响,即利用总样本对管理者过度自信、管理者风险偏好和管理者从众行为影响企业非效率投资的直接效应进行实证,并采用过度自信和非过度自信两个分样本对管理者风险偏好与管理者从众行为影响非效率投资的程度进行比较分析;第二部分研究投资者非理性行为对企业非效率投资的间接影响,包括投资者情绪和投资者过度自信对股价波动影响的实证研究、股价波动对企业非效率投资影响的实证研究、股价波动在投资者非理性行为和企业非效率投资间起到的中介效应的实证检验;第三部分为管理者和投资者二者均处于非理性时,二者对企业非效率投资的综合影响,以及管理者过度自信在投资者非理性与企业非效率投资间起到的调节作用进行实证分析。

4.1 管理者非理性行为对企业非效率投资影响的实证过程及结果

为检验前述假设1,即管理者的多种非理性行为共同作用时与企业非效率投资显著正相关,本节基于前述计量模型3-1对企业非效率投资做回归分析。分别以管理者过度自信 Moc、管理者风险偏好 Mrp 和管理者从众行为 Mh 为解释变量,以企业非效率投资(即前述预期投资模型的正残差和负残差,为保证实证结果的易读性,取残差的绝对值进行分析)为被解释变量。控制变量包括公司规模 $Size$、财务杠杆 Lev、公司成长机会 $Growth$、现金持有量 $Cash$、自由现金流量 Cf、总资产利润率 Roa,具体见表3.4。

首先,不加入控制变量,使用混合最小二乘法(简称POLS)做回归,再加入控制变量进行回归。

其次，为了更好地控制个体效应，使用面板数据的固定效应模型（简称FE模型）进行回归，回归时一次性控制所有因企业变动而变动且不因时间变动而变动的变量。

最后，为使研究结果更加稳健，研究结论更全面，本书进一步使用平衡面板数据做固定效应回归，以排除个体在时间序列上的不稳定性。

为检验前述假设1-1和假设1-2，在上述总样本的基础上将总样本分为过度自信和非过度自信两个子样本进行回归，考察过度自信管理者的非理性行为对企业非效率投资的影响程度。将企业当年盈利预测的利润净增长率与实际盈利净增长率的大小进行比较，如果盈利预测利润净增长率大于实际盈利净增长率，则视为过度自信样本，相反为非过度自信样本。为直接控制个体效应，使用固定效应模型进行回归，此时解释变量分别为管理者风险偏好和管理者从众行为，被解释变量为企业非效率投资。

由于解释变量涉及管理者非理性行为的三种表现，有可能出现解释变量间的自相关问题，在实证前对各变量进行相关性检验。计算解释变量以及控制变量两两间的相关性结果如表4.1所示。

各变量Pearson相关系数检验结果显示各变量间的相关系数最大值为0.422，最小值为-0.009，说明各变量间相关性大多显著，具有统计意义。所有相关系数均小于0.5，说明该模型各变量间不存在多重共线性问题。并且从非效率投资与各解释变量的相关性方向来看，非效率投资与管理者从众行为、管理者风险偏好、投资者情绪、投资者过度自信以及股价波动均显示为正向相关，从某种程度上能说明本书前述的假设预期可能成立。

表 4.1 各变量 Pearson 相关系数矩阵

变量	Ne	Moc	Mh	Mrp	Isent	Ioc	Pv	Size	Lev	Growth	Cf	Roa	Cash
Ne	1												
Moc	0.012	1											
Mh	0.271***	0.069***	1										
Mrp	0.069***	-0.107***	-0.067***	1									
Isent	0.053***	0.031***	0.042***	0.099***	1								
Ioc	0.062***	0.043***	0.079***	0.064***	0.347***	1							
Pv	0.316***	-0.019*	0.417***	0.140***	0.365***	0.243***	1						
Size	-0.261***	-0.009	-0.410***	-0.048***	-0.121***	-0.218***	-0.338***	1					
Lev	-0.375***	0.106***	-0.217***	-0.169***	-0.040***	-0.054***	-0.375***	0.422***	1				
Growth	0.048***	-0.027**	-0.035***	0.102***	-0.019*	-0.061***	0.064***	0.058***	0.050***	1			
Cf	0.051***	-0.024**	-0.007	0.077***	0.095***	-0.024**	0.084***	0.027**	-0.181***	0.069***	1		
Roa	0.157***	-0.159***	-0.048***	0.221***	0.062***	-0.093***	0.231***	0.021*	-0.373***	0.302***	0.396***	1	
Cash	0.276***	-0.074***	0.037***	0.141***	-0.031***	-0.029***	0.167***	-0.123***	-0.272***	0.084***	0.036***	0.276***	1

注：*** $p<0.001$，** $p<0.01$，* $p<0.05$。

4.1.1 管理者非理性行为对非效率投资影响的 POLS 回归和 FE 回归

首先不加入和加入控制变量对管理者三种非理性行业分别做最小二乘（POLS）回归，其次分别对管理者过度自信①、管理者风险偏好②、管理者从众行为③加入控制变量做固定效应（FE）回归，最后加入控制变量同时对非效率投资做固定效应（FE）回归④。在做 FE 回归前，本书进行了 Hausman 检验，结果 p 值均为零，显著拒绝原假设，随机效应模型与固定效应模型的系数存在显著性差异，因此，本书认为随机效应模型在这里不能有效满足，使用固定效应模型更有效。相关最小二乘和固定效应回归结果如表 4.2 所示。

结果显示在采用最小二乘回归时，如果不加控制变量（表中第 1 列），管理者从众行为和管理者风险偏好对非效率投资呈显著的正相关关系，而管理者过度自信也呈正相关但不显著。在加入控制变量后，管理者过度自信和从众行为均显著正相关，风险偏好正相关却不显著。最小二乘的调整 R^2 均不高，可能是普通最小二乘法回归无法更好地控制面板数据的个体效应，导致回归结果有偏差。

因此，为更好控制个体效应，采用固定效应模型进行回归。为使回归结果更稳健，采用 Bootstrap 法抽取 150 次获取标准误，设置种子值为 135，使抽样结果具可检验性。第 3~7 列中固定效应回归的调整 R^2 比最小二乘时调整 R^2 有明显提高，均在 37% 以上，说明模型拟合效果比较好，模型设置的所有变量对被解释变量的解释能力达到 37% 以上。

表 4.2 中的第 3、4 和 5 列是分别对管理者过度自信、风险偏好和从众行为进行固定效应回归的结果。结果显示，管理者过度自信 Moc 和管理者从众行为 Mh 的系数均在 1% 的水平上显著为正，说明二者数值增加，均会使企业非效率投资增多。尤其是管理者从众行为，其系数达到 0.760，系数值虽不大，但结合解释变量和被解释变量均值和标准差来看，从众行为对非效率投资的影响相当严重。具体解释为，管理者从众行为 Mh 的系数是 0.760，说明管理者从众行为每增加一个单位，企业非效率投资则增加 0.760 个单位。由于非效率投资均值为 0.153，管理者从众行为变化一个单位使非效率投资增加的数

---

① Hausman 检验，Chi2（7）=99.69，Prob>Chi2=0.0000。
② Hausman 检验，Chi2（7）=126.56，Prob>Chi2=0.0000。
③ Hausman 检验，Chi2（7）=104.98，Prob>Chi2=0.0000。
④ Hausman 检验，Chi2（9）=124.47，Prob>Chi2=0.0000。

值接近于其均值的 5 倍。管理者过度自信 Moc 的系数为 0.071，说明管理者过度自信每增加一个单位，非效率投资增加 0.071 个单位，相当于非效率投资均值的 46.41%。但管理者风险偏好 Mrp 的系数是 −0.004，且不显著，说明管理者风险偏好对非效率投资的影响不显著，这与前人的观点不一致。前人用中国股市的数据得出管理者风险偏好水平与非效率投资显著正相关（龚光明、曾照存，2014；潜丽清、梁飞嫒，2015）。

表 4.2 中的第 6 和 7 列分别是管理者的三种非理性行为共同对非效率投资影响的固定效应回归。不加入控制变量时管理者过度自信 Moc 和管理者从众行为 Mh 的系数分别在 5% 和 1% 的水平上显著为正，加入控制变量时二者的系数均在 1% 的水平上显著为正，且模型调整 R^2 从 0.3744 提升至 0.4032。加入控制变量后管理者过度自信 Moc 和管理者从众行为 Mh 的系数均有一定的增加。管理者过度自信的系数由单独作用时（第 3 列）的 0.071 提升至共同作用时（第 7 列）0.079，系数提升了 0.008。管理者从众行为的系数由第 5 列中的 0.760 提升至第 7 列的 0.769，对非效率投资的影响提升了 5.89%。这说明当管理者同时表现出过度自信与从众行为时，二者相互作用加剧对非效率投资的影响程度。

第 6 列中，不加控制变量的管理者风险偏好 Mrp 系数为负且不显著（第 5 列中也得到类似的结果），加入控制变量后（第 7 列），管理者风险偏好 Mrp 的系数为 −0.006，且负向显著。这与假设 1 部分不一致，假设 1 认为当管理者多种非理性行为共同作用于非效率投资时，应均为正向影响。但这里的结论显示，管理者风险偏好单独对企业非效率的影响呈负向但不显著，并且与另外两种非理性行为共同作用时，呈现出一定程度的显著负相关。

出现这一现象的原因可能是在中国市场上，管理者的风险偏好水平在 2009—2018 期间，对企业非效率投资的影响并不显著，且在此期间上市公司管理者表现出的风险厌恶可能多于偏好水平，如果管理者偏好水平提高，在一定程度上会抑制企业非效率投资程度。也就是说，管理者风险偏好会降低企业的非效率投资。

从这一期间管理者风险偏好的均值（0.0647）和标准差（18.0457）也可以看出，中国上市公司的管理者在样本期间的平均风险偏好水平较低。从中国 A 股在 2009—2018 年间的走势来看，中国股市经历了 2006—2008 年的大涨大跌后，一直处于较为平稳的低股指调整状态（除 2013—2014 的一波小轮上涨行情外），中国上市公司的管理者所持公司股票从股市中获得的收益有限，导致其在投资时表现出来的风险偏好不明显。

表 4.2 管理者非理性行为与非效率投资关系回归结果

模型	POLS (1)	POLS (2)	固定效应 (3)	固定效应 (4)	固定效应 (5)	固定效应 (6)	固定效应 (7)	固定效应 (8)	固定效应(过度自信样本) (9)	固定效应(非过度自信) (10)	固定效应(非过度自信样本) (11)
变量											
Moc	Ne	Ne	Ne	Ne			Ne	Ne	Ne	Ne	Ne
Mrp	0.005 (0.005)	0.087*** (0.020)	0.071*** (0.024)			0.051** (0.025)	0.079*** (0.023)				
Mh	0.017*** (0.002)	0.001 (0.002)		−0.004 (0.005)			−0.006* (0.005)	0.005 (0.006)	−0.005 (0.006)	0.008 (0.011)	−0.008* (0.010)
Size	0.732*** (0.027)	0.502*** (0.031)			0.760*** (0.102)	0.522*** (0.095)	0.769*** (0.101)	0.575*** (0.110)	0.862*** (0.126)	0.525*** (0.162)	0.746*** (0.182)
Lev		−0.006* (0.003)	0.015 (0.009)	0.017* (0.009)	0.056*** (0.010)		0.057*** (0.009)		0.057*** (0.013)		0.064*** (0.021)
Growth		−0.058*** (0.002)	−0.047*** (0.006)	−0.046*** (0.006)	−0.044*** (0.006)	−0.005 (0.005)	−0.046*** (0.006)		−0.035*** (0.008)		−0.055*** (0.011)
Cf		0.048*** (0.009)	0.033*** (0.009)	0.034*** (0.009)	0.032*** (0.009)		0.032*** (0.009)		0.040*** (0.011)		0.003 (0.017)
Cash		−0.002 (0.003)	−0.011*** (0.003)	−0.010*** (0.003)	−0.009*** (0.003)		−0.009** (0.003)		−0.011** (0.004)		−0.006 (0.007)
Roa		0.045*** (0.002)	0.033*** (0.004)	0.0325*** (0.0043)	0.035*** (0.004)		0.035*** (0.004)		0.037*** (0.005)		0.031*** (0.008)
Constant		0.001 (0.004)	0.008* (0.004)	0.0077*** (0.0043)	0.008* (0.004)	0.300*** (0.007)	0.009** (0.004)	0.306*** (0.008)	0.008 (0.007)	0.307*** (0.011)	0.019* (0.009)
	0.316*** (0.003)	0.301*** (0.003)	0.269*** (0.004)	0.274*** (0.003)	0.322*** (0.007)		0.317*** (0.008)		0.325*** (0.009)		0.327*** (0.013)
Obs	11444	11444	11444	11444	11444	11444	11444	7378	7378	4066	4066
调整 R^2	0.0810	0.1180	0.3932	0.3923	0.4020	0.3744	0.4032	0.3840	0.4090	0.3846	0.4182

注：括号内为 Bootstrap 稳健性标准误；*** $p<0.001$，** $p<0.01$，* $p<0.05$；用 Bootstrap 方法对各变量的系数差异性进行检验。

通过上述最小二乘和固定效应回归，研究假设1得到部分验证，当管理者多种非理性行为对企业非效率投资产生共同影响时，管理者过度自信和管理者从众行为均与非效率投资正向相关，并加剧对非效率投资的影响程度。而管理者风险偏好对非效率投资的影响的最小二乘和单独固定效应回归的结果不显著，全样本多种非理性行为相互作用对非效率影响的固定效应回归结果显著负相关。这说明当管理者表现出多种非理性行为时，其中管理者过度自信和从众行为均能加剧企业非效率投资，而风险偏好水平在一定程度上可以抑制企业的非效率投资。

4.1.2 管理者非理性行为对非效率投资影响的分样本的固定效应回归

表 4.2 中第 8~11 列为检验假设 1-1 和假设 1-2 的固定效应回归结果。假设 1-1 和假设 1-2 是在控制了管理者过度自信变量后，分别探讨管理者是否过度自信时，其从众行为和风险偏好对非效率的影响。因此将全样本按管理者是否过度自信分为两个子样本（见表 3.1）。过度自信样本有 7378 个观测值，占总样本的观测值的 64.47%；非过度自信样本有 4066 个观测值，占总样本观测值的 35.53%。

第 9 列管理者过度自信样本中，管理者风险偏好 Mrp 的系数为 -0.005，没有通过显著性检验，说明管理者风险偏好对企业非效率投资的影响负向但不具显著统计意义，而第 11 列非过度自信样本的回归结果显示，管理者风险偏好 Mrp 的系数为 -0.008，且在 10% 的水平上显著负相关，说明当管理者非过度自信时，其风险偏好每增加一个单位，企业非效率投资会降低 0.008 单位，降低的数值相当于非效率投资均值的 5.22%。

第 8~11 列中，不管是过度自信样本还是非过度自信样本，管理者从众行为 Mh 的系数均在 1% 水平上显著正相关，并且加入控制变量时过度自信样本的系数为 0.862，非过度自信样本的系数为 0.746，即过度自信管理者的从众行为对非效率的影响比非过度自信管理者要高出 15.55%〔(0.862-0.746)/0.746〕。过度自信样本中从众行为系数不仅高于非过度自信样本中从众行为的系数，而且还高于全样本下从众行为的系数（0.769），说明一个过度自信的管理者，其从众行为对非效率投资的影响更为显著。

上述结果显示假设 1-1 部分验证与假设 1-2 全部验证。从某种意义上讲，不论管理者过度自信还是非过度自信，其从众行为都会加剧企业非效率投资，而对非过度自信管理者的风险偏好行为却有减轻和缓解企业非效率投资的

作用。

为检验实证结果的稳健性,将前述研究面板数据调整为平衡面板数据后再进行回归(见表4.3),结果更为显著。在总样本下管理者过度自信和管理者从众行为与企业非效率投资在1%的水平上显著正相关。过度自信样本中,管理者从众行为与企业非效率投资也在1%的水平上显著正相关。在非过度自信样本中,管理者风险偏好和从众行为与非效率投资的相关性和显著性水平与非平衡面板数据下得出的结果一致,且相关系数大于非平衡面板数据下的结果,说明前述假设均成立。不论管理者是否过度自信,其从众行为都会加剧对非效率投资的影响,而非过度自信的管理者如果更偏好风险,能有效缓解企业非效率投资。

表4.3 管理者非理性行为对非效率投资影响的平衡面板数据的固定效应FE回归结果

样本	全样本		过度自信样本		非过度自信样本	
模型	(1)	(2)	(2)	(4)	(5)	(6)
变量	Ne	Ne	Ne	Ne	Ne	Ne
Moc	0.0559** (0.0245)	0.0797*** (0.0235)				
Mh	0.5500*** (0.0940)	0.7679*** (0.1109)	0.576*** (0.1280)	0.8370*** (0.1490)	0.6320*** (0.1680)	0.8210*** (0.1890)
Mrp	0.0058 (0.0050)	−0.0022 (0.0048)	0.0066 (0.0072)	−0.0017 (0.0070)	−0.0017 (0.0109)	−0.0088* (0.0105)
$Size$		0.0527*** (0.0114)		0.0568*** (0.0142)		0.0535** (0.0221)
Lev		−0.0427*** (0.0064)		−0.0381*** (0.0088)		−0.0461*** (0.0126)
$Growth$		0.0333*** (0.0093)		0.0449*** (0.0127)		0.0011 (0.0165)
Cf		−0.0100*** (0.0036)		−0.0122*** (0.0041)		−0.0066 (0.0070)
$Cash$		0.0371*** (0.0044)		0.0377*** (0.0064)		0.0344*** (0.0086)
Roa		0.0044 (0.0051)		0.0035 (0.0069)		0.0155** (0.00787)
$Constant$	0.3020*** (0.0068)	0.3180*** (0.0079)	0.3050*** (0.0088)	0.3260*** (0.0109)	0.3130*** (0.0103)	0.330*** (0.0122)

续表

样本	全样本		过度自信样本		非过度自信样本	
模型	(1)	(2)	(2)	(4)	(5)	(6)
变量	Ne	Ne	Ne	Ne	Ne	Ne
Obs	7301	7301	4730	4730	2571	2571
调整 R^2	0.3773	0.4050	0.3760	0.4025	0.3950	0.4223

注：括号内为 Bootstrap 稳健性标准误；*** $p<0.01$,** $p<0.05$,* $p<0.1$。

4.2 投资者非理性行为对企业非效率投资影响的实证过程及结果

在本小节中检验投资者非理性行为对非效率投资的影响，采用的数据和相关控制变量与前相同。

首先验证假设2：投资者的两种非理性行为（投资者情绪和投资者过度自信）的共同作用与股价波动正相关。依据模型3-3进行固定效应的回归分析。为检验其结果的稳健性，将非平衡面板数据调整为平衡面板数据后，再采用动态面板数据的系统广义矩估计SYS-GMM模型回归，预期投资者过度自信与投资情绪均与股价波动正相关。

其次验证假设3：股价波动与企业非效率投资正相关，股价高估（或低估）时增加过度投资（或投资不足）。依据模型3-4进行固定效应回归分析，再采用工具变量法处理其内生性问题，利用平衡面板数据进行系统广义矩估计SYS-GMM模型进行回归检验，并将股价波动进行分组，将股价高估和股价低估组分别对过度投资和投资不足进行回归。预期股价波动的增加会带来企业非效率投资的扩大，并且股价越是向上波动，企业过度投资越明显；股价越是向下波动，企业越容易出现投资不足现象。

最后验证假设4：投资者的两种非理性行为共同作用时与企业投资规模正相关，并通过股价波动与企业非效率投资正相关，股价波动起中介作用。首先检验前述托宾Q理论，当投资者非理性行为引起股价被高估或低估时会直接影响企业管理者的投资行为，即投资者非理性行为会增加企业投资；然后进一步检验投资者非理性行为引起非效率投资的增多。预期得到投资非理性行为会通过股价波动的传染引导加剧企业非效率投资，股价波动在二者之间起到中介

作用。

4.2.1 投资者非理性行为对股价波动影响的实证分析

为检验假设 2，本书首先控制个体效应进行固定效应模型回归，然后利用 SYS-GMM 估计进行检验。

1. 投资者非理性行为对股价波动影响的固定效应回归

表 4.4 中的第 1 和第 2 列分别为不加入控制变量和加入控制变量时，投资者情绪对股价波动的固定效应分析结果；第 3 和第 4 分别为不加入控制变量和加入控制变量，投资者过度自信对股价波动的固定效应分析结果；第 5 列和第 6 列分别为不加入控制变量和加入控制变量投资者情绪和投资者过度自信对股价波动综合影响的固定效应分析结果。为使结果更稳健，采用 Bootstrap 法抽取 150 次获取标准误，为使抽样结果有可重复性，设置 Seed 为 135。

结果显示，各模型调整的 R^2 均在 60% 以上，对于大样本能有这么大的调整 R^2，说明模型拟合度相当不错。回归结果均显示，不论是否加入控制变量，投资者情绪 $Isent$ 和投资者过度自信 Ioc 的系数均在 1% 水平上显著为正，说明不论投资者情绪和过度自信对股价波动是单独存在还是共同作用，其系数均显著正相关。各控制变量对股价波动的影响也具有显著的相关性，公司主营业务收入增长率和总资产净利率与股价波动显著正相关，说明投资者在选择买卖股票时会关注公司基本面的利润相关项目。收入增长率越高，净利润率越高，投资者认为该公司将来会有好的发展，对公司的未来发展预期看好，所以利润类的指标与股价波动正相关。而公司规模、资产负债率以及公司持有现金和自由现金流量这几个控制变量的结果显示与股价波动显著负相关（除在过度自信下负向相关不显著外），说明投资者在考虑公司基本面时，会认为规模越大的公司发展越慢，资产负债率越高的公司经营风险越大，现金持有和自由现金越多的公司其资产的获利性越低，所以这些控制变量会与股价波动呈现不同程度的负相关关系。

从第 2 列结果看，投资者情绪 $Isent$ 的系数为 0.058，说明投资者情绪每增加一单位，股价会波动 0.058 个单位。由于本书以 Q 值表示股价波动，其均值为 2.584，投资者情绪变动一个单位会使股票被高估 5.8%，即如果该公司每股市场价格为 100 元，当投资者情绪每上涨一个单位，会使股票市场价格向上波动 5.8 元（即股价上涨为 105.8 元）。

第 6 列显示投资者情绪和投资过度自信二者对股价波动综合影响，投资者

情绪 $Isent$ 和投资者过度自信 Ioc 的系数均在 1%水平上显著为正，说明当投资者过度自信与投资者情绪共同存在时也显著正向影响股价波动。但二者对股价波动的影响程度均小于二者单独存在时对股价波动的影响程度，投资者情绪 $Isent$ 的系数为 0.047，投资者过度自信 Ioc 的系数为 0.024，分别小于第 2 列和第 4 列中二者单独对股价波动的影响系数 0.058 和 0.059。产生这种结果的原因可能是，股票市场上对同一只股票，投资者既表现出有限理性的情绪，同时还表现出对自己投资决策的过度自信时，可能会相对更多地考虑公司的基本面财务状况，二者对股价波动影响的个体效应可能被相互吸收。

总之，通过上述投资者非理性行为对股价波动影响的固定效应回归结果分析，本书的假设 2 得以验证，即投资者的两种非理性行为共同作用时投资者情绪和投资者过度自信均与股价波动正相关。

2. 投资者非理性行为对股价波动影响的 SYS-GMM 估计

考虑到在股票市场上投资者的非理性行为具有延续性，且上一期的股价波动可能会影响以后各期的股价波动，即上述模型可能存在内生性问题。为处理内生性问题，使结果更为稳健，本书构建动态面板数据的系统广义矩估计（SYS-GMM）的方法再次进行检验，检验结果见表 4.3 中的第 7~9 列。

为解决动态面板数据的内生性问题，Arellano & Bond（1991）首次提出"一阶差分 GMM"。该方法通过差分后的方程进行 GMM 估计，能消除内生变量带来的非一致性和有偏性，但是也造成一系列问题：差分因消除了不随时间变化的变量而造成估计不完整；水平值的滞后项作为差分方程中的内生变量的工具变量，可能出现弱工具变量现象。后来 Arellano & Bond（1995）和 Blundell & Bond（1998）不断改进修改，将"差分 GMM"与"水平 GMM"相结合，作为一个方程系统进行 GMM 估计，该方法称为"SYS-GMM"，其具体做法是将水平回归方程和差分回归方程结合起来进行估计。在这种估计方法中，滞后水平值作为一阶差分的工具变量，而一阶差分又作为水平变量的工具变量。SYS-GMM 可以估计不随时间变化的个体效应系数，从而提高模型的估计效率。本书采用 Roodman（2009）开发的基于 Stata 软件的两阶段 SYS-GMM 估计程序，使用序列相关和异方差稳健的标准差估计完成统计检验。

在进行 SYS-GMM 估计前，将前述非平衡面板数据整理为平衡面板数据，以保证每个公司截面在时间序列上的连续性。然后利用 Stata 公司官方开发的 Xtdpd 命令做两阶段估计，进行 Sargan 以及 Abond 检验（Sargan 与

非理性行为、股价波动与企业非效率投资的关系研究

Abond 检验分别验证是否存在过度识别,以及扰动项的一阶差分与其二阶差分是否存在自相关的问题)以选择确定模型中的工具变量。最终确定股价波动的滞后一阶为解释变量,将投资者情绪和投资者过度自信以及所有控制变量设置为内生变量。因为上一期的股价波动对当期和以后期的股价波动均有延续性影响,投资者的非理性行为以及各控制变量均会受到经济环境等其他干扰项的影响。为保证工具变量整体和干扰项不相关,在命令中加入 Vce(Robust)选项以更好地控制个体效应可能存在的异方差问题。

采用 SYS-GMM 估计的结果见表 4.4 第 7、8 和 9 列。由于是动态平衡面板数据,差分后又自动删除部分观测值,因此,参与回归的样本共计 6258 个。从 AR(1)和 AR(2)的结果可以看出残差中存在一阶序列相关,但不存在二阶序列相关,说明差分方程的矩约束是合理的。

从第 7、8 和 9 列的结果可以看出,股价波动的一阶滞后项 $L.Pv$ 的系数均在 1% 水平上显著为正,说明股价波动的一阶滞后项与当期的股价波动显著正相关,其系数均在 50% 以上,说明当期股价波动对以后期间的股价具有显著的正向影响,因此将滞后一期的股价波动加入回归模型是合理的。

第 7 列中,投资者情绪 $Isent$ 的系数为 0.096,并且在 1% 水平上显著正相关;第 8 列中投资者过度自信 Ioc 的系数为 0.068,也在 1% 水平上显著正相关;第 9 列中投资者情绪 $Isent$ 和投资者过度自信 Ioc 的综合影响系数分别为 0.083 和 0.019,均在 1% 水平上显著正相关。

上述两种方法检验了投资者非理性行为与股价波动正相关,本书假设 2 得以验证。

表 4.4 投资者非理性行为与股价波动固定效应回归及 SYS-GMM 估计结果

模型 (列)	固定效应 (1) P_v	固定效应 (2) P_v	固定效应 (3) P_v	固定效应 (4) P_v	固定效应 (5) P_v	固定效应 (6) P_v	SYS-GMM (7) P_v	SYS-GMM (8) P_v	SYS-GMM (9) P_v
$L.P_v$							0.756*** (0.018)	0.534*** (0.044)	0.674*** (0.034)
$Isent$	0.060*** (0.001)	0.059*** (0.001)			0.051*** (0.002)	0.047*** (0.002)	0.096*** (0.002)		0.083*** (0.003)
Ioc			0.058*** (0.002)	0.059*** (0.002)	0.020*** (0.002)	0.024*** (0.002)		0.068*** (0.003)	0.019*** (0.003)
$Size$		−0.069*** (0.007)		−0.078*** (0.008)		−0.072*** (0.007)	−0.070*** (0.005)	−0.080*** (0.011)	−0.076*** (0.008)
Lev		−0.013*** (0.004)		−0.008 (0.005)		−0.011*** (0.004)	0.012*** (0.004)	0.016** (0.007)	0.013** (0.006)
$Growth$		0.039*** (0.006)		0.033*** (0.006)		0.041*** (0.006)	0.007 (0.006)	−0.003 (0.009)	0.0008 (0.008)
Cf		−0.009*** (0.002)		−0.003 (0.002)		−0.009*** (0.002)	−0.002 (0.002)	0.006* (0.003)	−0.002 (0.003)
$Cash$		−0.012*** (0.003)		−0.018*** (0.003)		−0.012*** (0.003)	−0.011*** (0.003)	−0.024*** (0.004)	−0.012*** (0.004)
Roa		0.028*** (0.004)		0.026*** (0.004)		0.030*** (0.003)	−0.007*** (0.003)	0.011** (0.005)	0.003 (0.005)
常数项	−0.048*** (0.004)	−0.047*** (0.003)	−0.047*** (0.004)	−0.047*** (0.003)	−0.047*** (0.004)	−0.046*** (0.003)	0.010*** (0.002)	−0.016*** (0.004)	0.002 (0.003)
观测值	11444	11444	11444	11444	11444	11444	6258	6258	6258
调整 R^2	0.690	0.717	0.650	0.686	0.694	0.723			
$P\_AR(1)$							0.000	0.000	0.000
$P\_AR(2)$							0.834	0.763	0.898

注：括号内为 Bootstrap 稳健性标准误；*** $p<0.001$，** $p<0.01$，* $p<0.05$；各组别系数均通过 Bootstrap 组间系数差异性检验；AR(1)、AR(2) 分别为一阶、二阶序列相关系数。

4.2.2 股价波动对非效率投资影响的实证分析

为验证假设3,即股价波动与企业非效率投资正相关,股价高估(或低估)时增加过度投资(或投资不足),本书先进行固定效应回归,再将滞后一阶的非效率投资作为解释变量利用SYS-GMM估计处理内生性问题;然后将样本按股价波动的高低进行分组,分别进行固定效应回归和系统矩估计,进一步剖析股价高估和股价低估对企业非效率投资的不同作用。

1. 股价波动对企业非效率投资影响的固定效应回归和SYS-GMM估计

分析前先将前述3-4模型对非平衡面板数据进行Hausman检验,再进行固定效应回归,其结果见表4.5中第1、2列,然后将固定面板数据调整为平衡面板,构建动态平衡面板数据的SYS-GMM估计,处理可能存在的内生性问题,其结果见表4.5中第3列。在进行回归时为使模型回归结果更稳健,均在控制行业和时间变量的基础上采用Bootstrap法抽取150次获取标准误,设置Seed值为135,方便对抽样结果进行重复检验。

表4.5中第1、2列分别为不加入控制变量和加入控制变量的股价波动对企业非效率投资的影响结果。两次回归的调整R^2分别为0.372和0.396,说明模型拟合效果较好,模型设置的股价波动和其他控制变量能较好地解释企业非效率投资37%以上的影响因素。从各变量的显著性来看,股价波动和各控制变量(除总资产净利率外)均显著。

在第1列中不加入控制变量时股价波动Pv的系数值为0.112,第2列中加入控制变量时股价波动Pv的系数值稍有提高(为0.115),且在1%的水平上显著,说明股价每波动一个单位,企业非效率投资会增加0.115,股价波动与企业非效率投资显著正相关。

从各控制变量的系数来看,基本得到与其他文献相同的结果。公司规模、主营业务增长率、现金存量均与非效率投资显著正相关,而资产负债率与自由现金流量显著负相关,净资产收益率与非效率投资不相关,说明公司规模越大、主营业务增长率越高、公司可用现金存量越多,越容易引起非效率投资。而资产负债率越高、自由现金流量越多,越有可能会抑制企业的非效率投资。

在考虑各变量可能存在内生性问题的基础上,构建动态平衡面板数据进行SYS-GMM估计来进一步验证股价波动与企业非效率投资正相关。因为某一投资项目经常延续多期才能完成,企业上一期的投资状况有可能影响本期的投资效率，即非效率投资滞后项有可以作为该模型的解释变量。

另外，本书认为公司上一期的主营业务收入增长率、自由现金流量、现金持有量和总资产收益率等控制变量均会或多或少影响本期的非效率投资。因此，本书在考虑动态数据的前提下，将非效率投资的滞后一期和公司主营业务收入增长率、总资产收益率以及公司自由现金流量、现金持有量的滞后一期均设置为内生变量。

本书利用蒙特卡洛模拟方法（这是一种通过设定随机过程，反复生成时间序列，计算参数估计量和统计量，进而研究其分布特征的方法）（Arellano & Bond，1991），使用 Xtarsim 命令（Bun & Kiviet，2003；Bruno，2005），模拟比较不同估计方法的样本性质和优劣，最终也验证了上述理论分析的合理性，将非效率投资的滞后一阶加入解释变量，将股价波动、公司规模、公司杠杆作为外生变量，将公司主营业务收入增长率、自由现金流量、现金持有量和总资产收益率等控制变量均设定为内生变量，然后用这些内生变量的一阶滞后为工具变量构建最佳模型。为控制个体效应的异方差问题，使用 Vce（Robust）命令直接估计系数，具体结果见表4.5中的第3列。

第3列结果显示其二阶序列相关系数的 p 值为0.409，接受不存在二阶序列相关的原假设。回归结果滞后一阶的非效率投资系数为0.463，且显著正相关，说明企业滞后一阶的非效率投资与当期的非效率投资显著正相关；股价波动也与非效率投资显著正相关，相关系数略小于固定效应模型下的系数。

第3列结果还显示，当期的公司规模、资产负债率与固定效应下得到方向相同的结果，均与非效率投资显著正相关。公司当期主营业务收入增长率显著性水平有所下降，滞后一期的主营业务增长率与非效率投资正相关，但不显著；公司当期的自由现金流量与非效率投资负相关不显著，但滞后一期的自由现金流量却与当期的非效率投资显著正相关，说明上一期的企业自由现金流量会显著增加当期的非效率投资；当期现金持有量与非效率投资显著负相关，而滞后一期的现金持有量与非效率投资显著正相关，这也说明公司上期持有现金的多少会正向影响下一期非效率投资的多少；公司净资产收益率在当期和滞后一期对非效率投资的影响都不显著。可以得出公司上期的非效率投资、上期的现金持有量和自由现金流量都可以作为当期非效率投资的解释变量，这也进一步说明模型设置的合理性。

表 4.5　股价波动对非效率投资影响的分组固定效应回归和 SYS-GMM 估计

模型	固定效应	固定效应	SYS-GMM	固定效应	固定效应	SYS-GMM	SYS-GMM
列	(1)	(2)	(3)	(4)	(5)	(6)	(7)
变量	Ne	Ne	Ne	$Over-Ne$	$Under-Ne$	$Over-Ne$	$Under-Ne$
$L.Ne$			0.463*** (0.129)			−0.364*** (0.116)	−0.141 (0.175)
Pv	0.112*** (0.017)	0.115*** (0.017)	0.108*** (0.038)	0.982*** (0.378)	0.413** (0.184)	0.334*** (0.072)	0.493*** (0.165)
$Size$		0.024*** (0.009)	0.079*** (0.022)	0.160*** (0.035)	−0.117*** (0.025)	0.184*** (0.035)	−0.188*** (0.066)
Lev		−0.044*** (0.006)	−0.049*** (0.018)	0.028 (0.036)	−0.051*** (0.012)	0.079* (0.018)	−0.011 (0.021)
$Growth$		0.031*** (0.009)	0.130* (0.073)	−0.048 (0.049)	0.020 (0.018)	0.285*** (0.098)	0.0228 (0.030)
$L.Growth$			−0.022 (0.017)			0.099* (0.055)	−0.009* (0.020)
Cf		−0.010*** (0.003)	−0.054 (0.035)	−0.004 (0.029)	−0.023*** (0.006)	−0.133 (0.031)	−0.006 (0.009)
$L.Cf$			0.052*** (0.014)			−0.018 (0.022)	0.001* (0.022)
$Cash$		0.035*** (0.004)	−0.089** (0.045)	0.010 (0.031)	0.060*** (0.008)	0.045 (0.033)	0.103 (0.066)

续表

模型	固定效应	固定效应	SYS-GMM	固定效应	固定效应	SYS-GMM	SYS-GMM
列	(1)	(2)	(3)	(4)	(5)	(6)	(7)
变量	Ne	Ne	Ne	$Over-Ne$	$Under-Ne$	$Over-Ne$	$Under-Ne$
$L.Cash$			0.100*** (0.033)			0.145* (0.046)	0.027* (0.051)
Roa		0.0033 (0.004)	-0.008 (0.049)	0.114*** (0.036)	-0.016* (0.010)	-0.028 (0.039)	-0.018 (0.014)
$L.Roa$			0.027 (0.018)			0.056* (0.033)	0.005 (0.014)
常数项	0.276*** (0.003)	0.279*** (0.003)	0.147*** (0.038)	0.321*** (0.042)	0.284*** (0.035)	0.449*** (0.055)	0.341*** (0.045)
观测值	11444	11444	6,258	547	1,250	478	1,152
调整 R^2	0.372	0.396		0.251	0.565		
Abond $P-AR$ (2)			0.409			0.194	0.953
Sargan (P)			0.117			0.332	0.374

注：括号内为Bootstrap稳健性标准误；*** $p<0.001$，** $p<0.01$，* $p<0.05$；Abond为序列相关性检验；Sargan为过度识别检验。

综上所述,从股价波动对非效率投资的固定效应和系统矩估计的实证结果均验证了假设3(股价波动与企业非效率投资显著正相关)是成立的。

2. 股价高估与股价低估对非效率投资影响的分组FE回归和SYS-GMM估计

投资者非理性行为引起股价波动,股价波动又增加企业非效率投资,由于非效率投资有两种表现形式,一种是过度投资,一种是投资不足。股价在什么样的情况下会引起公司投资过度,什么样的情况下会引起公司投资不足呢?为进一步验证假设3的后半部分(股价高估时增加过度投资,股价低估时投资不足),本书在平衡面板数据的基础上按股价波动的大小将样本分为三组,分别定义为股价高估组、中间组和低估组,然后分别以高估组和低估组与非效率投资进行固定效应(FE)回归和系统矩估计(SYS-GMM)。

表4.6为按股价波动高低进行分组的统计情况。由于研究对象的平衡面板数据共计7301个,按股价波动平均分为三组,高估组与低估组为2434个样本,中间组为2433个样本。从表4.6可以看出,股价高估组最大值为41.220,最小值为2.321,均值为4.107,低估组最大值为1.503,超过1,即从整体上看,中国上市公司的股票市场价格高于基本面反应的真实价格。由于市场上股票价格中不仅包括投资者非理性引起的上下波动,还包括由于市场和行业等因素引起的同步性信息价格,因此,低估组包括部分大于1的样本也是说得过去的。为验证股价波动的两极反应,本书放弃中间组,直接对高估组和低估组对非效率投资的作用进行检验。

表4.6 平衡面板数据股价波动分组统计

组别	样本数	均值	标准差	最小值	最大值
低估组	2434	1.215	0.179	0.337	1.503
中间组	2433	1.860	0.232	1.503	2.321
高估组	2434	4.107	2.648	2.321	41.220

根据前述非效率投资预测残差模型3-9得出的投资残差界定过度投资与投资不足,当残差为负时为投资不足(为易于理解实证结果,取其绝对值进行回归),残差为正时为过度投资。表4.5中第4列结果是高估组对过度投资的固定效应回归结果,显示股价波动 Pv 的系数达到0.982,且在1%水平上显著,说明股价高估与过度投资显著正相关,当股价波动上升一个单位,公司的

过度投资会增加0.982个单位。而大多数控制变量与过度投资相关性不显著，这说明在中国股票市场上，只要股价被极度拉升，公司其他基本面的数据对过度投资的影响微乎其微。股价对企业投资的影响较为显著，因为管理者的关注点在于股价被迅速地拉升，股权融资成本急剧下降，发行新股迎合投资者追加投资是势不可挡之路径。

表4.5中第5列是低估组对投资不足的固定效应回归结果。结果显示股价波动Pv的系数为0.413，且在5%的水平上显著，说明股价低估与投资不足显著正相关，当股价向下波动增加一个单位，公司的投资不足将会增加0.413个单位。从控制变量系数值来看，在股价低估时，投资不足也受公司其他基本面数据的影响，比如公司规模、资产负债率、自由现金流量以及净资产收益率均与公司的投资不足显著负相关。因为规模越大、资产负债率越高、自由现金流量越多、经营业绩越好的公司，越不容易出现投资不足的情况。然而现金持有量与公司投资不足显著正相关，这说明公司将现金持有作为流动资产，而不加以利用进行投资，现金持有越多，公司的投资不足会越明显。由此，股价高估和低估的固定效应回归结果验证了假设3的后半部分：股价高估时增加过度投资，股价低估时增加投资不足。

为进一步验证该结论的可靠性，参照本书前述投资者非理性行为对股价波动影响时的思路和验证方法，利用蒙特卡洛模拟方法对上述两组固定效应回归模型进行动态数据的系统矩估计，分别将滞后一期的过度投资和投资不足作为解释变量，将主营业务增长率、现金流量、现金持有量以及净资产收益率视为内生变量，将公司规模和资产负债率视为外生变量（因为将滞后一期的公司规模和资产负债率加入水平方程进行模拟估计时，其数据结果比较稳定），最终估计结果见表4.5中第6列和第7列。

第6列结果显示滞后一期的过度投资系数为-0.364，且在1%水平上显著，说明滞后一期的过度投资与当期的过度投资显著负相关，即公司上一期的过度投资情况会在一定程度上抑制本期的过度投资；股价波动Pv的系数为0.334，也在1%水平上显著，说明在处理内生性问题后的股价波动对过度投资仍然存在显著的正向影响；其他工具变量除滞后一期的自由现金流量外，均在10%的显著性水平下与企业非效率投资正相关，说明上一期的主营业务增长率、上一期的现金持有量以及上一期的净资产收益率对后一期的过度投资产生显著的正向促进作用。换句话说，本期的主营业务收入、现金持有量以及净资产收益率越高，会促进企业以后期间的过度投资。其他控制变量的显著性水平比固定效应回归时略有下降，可能的原因是加入诸多工具变量后，上期的被

解释变量吸收了这些控制变量对当期被解释变量的影响。

第 7 列结果显示滞后一期的投资不足的系数为 -0.141,没有达到显著性标准,说明滞后一期的投资不足与当期投资不足之间的相关性不明显;股价波动的系数为 0.493,在 1% 水平上显著,说明在处理内生性问题后的股价波动与投资不足间仍然存在显著的正相关关系;其他工具变量除滞后一期的净资产收益率外,滞后一期的主营业务增长率、自由现金流量和现金持有量与企业非效率投资的相关性均显著,说明上一期的主营业务增长率、上一期的自由现金流量以及上一期的现金持有量对后一期的投资不足也会产生一定影响。其他控制变量的估计系数均不显著,进一步说明当股票价格下跌时,公司基本面的财务数据不会对投资不足造成显著影响。

综上,实证结果验证了假设 3 的后半部分,即股票价格被高估时会增加过度投资,股票价格低估时会增加投资不足。

4.2.3 投资者非理性行为对非效率投资影响路径的实证分析

本书不区别企业是否面临代理问题和融资约束,直接分析投资者非理性行为影响股价波动,股价波动又影响企业非效率投资的过程。根据前述的理论阐述,投资者的非理性行为会作用于投资决策行为,最终引发资源配置低下。不难推断,股价波动在投资者非理性与企业非效率投资间可能起到一种中介作用。为此,本书先进行固定效应模型验证投资者非理性行为对非效率的总体效应,然后采用 Sgmediation 命令(Sobel,1986)验证股价波动是否在二者间起到中介作用。

1. 投资者非理性行为对企业非效率投资影响的固定效应回归

为验证股价波动在投资者非理性行为与企业非效率投资间的中介效应,本书将投资者过度自信和投资者情绪这两种非理性行为对企业非效率投资的影响单独进行分析。先验证投资者的这两种非理性行为对企业投资决策行为是否有影响,选用企业的投资规模作为被解释变量进行实证分析。因为如果投资者非理性行为影响企业管理者的投资决策行为,必然会引起企业投资规模的变化。然后再验证投资者这两种非理性行为间接影响企业非效率投资的程度。以上实证分析分别通过平衡面板数据的固定效应回归来实现,结果见表 4.7。

从前述的实证分析来看,面板数据的固定效应模型能很好地控制个体效应,其结果与系统广义矩估计结果基本相同,因此这里对投资者非理性行为对非效率投资影响的实证仅列示固定效应模型的分析结果。表 4.7 中第 1~4 列的结果均经过 Hausman 检验，适合采用固定效应模型进行回归。为使模型回归结果更稳健，同前述实证一样，本书在控制了时间和行业变量的基础上采用 Bootstrap 法抽取 150 次获取标准误，并设置种子值为 135，便于进行重复计算。

表 4.7 中第 1、2 列分别是投资者情绪和投资者过度自信对企业投资规模的单独影响。结果表明，投资者情绪 $Isent$ 和投资者过度自信 Ioc 的系数分别是 0.021 和 0.014，均在 1% 水平上显著，说明投资者情绪和投资者过度自信单独状态下与企业投资规模呈显著正相关，表明投资者的非理性行为会显著增加企业的投资规模，投资者情绪每增加 1 个单位，公司投资规模会增加 0.021 个单位；投资者过度自信每增加 1 个单位，公司投资规模会增加 0.014 个单位。其他控制变量除自由现金流量外均得到与文献基本相同的显著结果和变化方向。这里自由现金流量与公司投资规模正相关但不显著，说明投资规模的增加受公司自由现金流量的多少影响并不显著。第 1、2 列的结果验证了假设 4 中的 "投资者非理性行为与企业投资规模正相关"。

表 4.7 投资者非理性行为与股价波动和非效率投资的固定效应回归结果

列	(1)	(2)	(3)	(4)	(5)	(6)	(7)	(8)
变量	$Invest$ (Fe)	$Invest$ (Fe)	Ne (Fe)	Ne (Fe)	Pv (Fe)	Pv (Fe)	Ne (Fe)	Ne (Fe)
$Isent$	0.021*** (0.004)		0.006*** (0.002)		0.058*** (0.001)		−0.001 (0.002)	
Ioc		0.014*** (0.005)		0.012*** (0.002)		0.058*** (0.002)		0.007*** (0.003)
Pv							0.112*** (0.022)	0.093*** (0.022)
$Size$	0.243*** (0.017)	0.239*** (0.017)	0.011 (0.010)	0.010 (0.010)	−0.063*** (0.008)	−0.074*** (0.009)	0.018* (0.009)	0.017* (0.009)
Lev	−0.031*** (0.012)	−0.030** (0.012)	−0.044*** (0.006)	−0.043*** (0.006)	−0.009* (0.005)	−0.004 (0.006)	−0.043*** (0.006)	−0.043*** (0.006)
$Growth$	0.048*** (0.017)	0.044*** (0.017)	0.039*** (0.009)	0.039*** (0.009)	0.042*** (0.006)	0.033*** (0.007)	0.034*** (0.009)	0.036*** (0.009)
Cf	0.008 (0.007)	0.011 (0.007)	−0.012*** (0.004)	−0.012*** (0.004)	−0.010*** (0.002)	−0.003 (0.003)	−0.011*** (0.004)	−0.012*** (0.004)
$Cash$	0.081*** (0.009)	0.078*** (0.009)	0.036*** (0.004)	0.035*** (0.005)	−0.013*** (0.003)	−0.019*** (0.004)	0.037*** (0.004)	0.037*** (0.005)
Roa	0.058*** (0.010)	0.062*** (0.010)	0.002 (0.005)	0.003 (0.005)	0.030*** (0.004)	0.040*** (0.004)	−0.002 (0.005)	−0.001 (0.005)
常数项	−0.078*** (0.009)	−0.079*** (0.009)	0.274*** (0.004)	0.275*** (0.004)	−0.050*** (0.003)	−0.050*** (0.004)	0.280*** (0.004)	0.279*** (0.004)
观测值	7,301	7,301	7,301	7,301	7,301	7,301	7,301	7,301
调整 R^2	0.389	0.386	0.395	0.396	0.709	0.676	0.398	0.398

注：括号内为 Bootstrap 稳健性标准误；*** $p<0.001$, ** $p<0.01$, * $p<0.05$。

表 4.7 中第 3、4 列分别是投资者情绪和投资者过度自信对企业非效率投资的单独影响分析结果。结果显示,投资者情绪 $Isent$ 和投资者过度自信 Ioc 的系数分别是 0.006 和 0.012,均在 1% 水平上显著,说明投资者情绪以及投资者过度自信对企业非效率投资均显著正相关。投资者的非理性行为不仅会增加投资规模,而且会显著增加企业的无效投资,即投资者情绪每增加 1 个单位,企业的非效率投资会增加 0.006 个单位,虽然数值很小,但由于非效率投资的平均值为 0.153,相当于投资者情绪每变动 1 个单位,非效率投资变动数值为均值的 3.92%;投资者过度自信每增加 1 个单位,企业的非效率投资会增加 0.012 个单位,相当于投资者过度自信每变动 1 个单位,非效率投资变动数值为其均值的 7.84%。

表 4.7 中第 3、4 列的其他控制变量除公司规模和主营业务增长率外均与非效率投资显著相关。公司杠杆、公司自由现金流量与非效率投资显著负相关,说明公司财务杠杆越高、自由现金流量越多,越能抑制企业的非效率投资;公司主营业务增长率、现金存量与非效率投资显著正相关,说明现金存量越多、主营业务增长率越快,企业非效率投资越严重。

表 4.7 中第 1~4 列的结果表明,投资者非理性行为与企业投资规模和企业非效率投资均正相关,验证了假设 4 的前半部分。

2. 股价波动中介效应分析及 Sebol 检验

假设 4 的后半部分:投资者非理性行为与企业非效率投资通过股价波动正相关,即预期股价波动在投资者非理性行为和非效率投资之间起到中介作用。根据中介变量的定义:当自变量对因变量影响时,如果自变量通过影响某一变量来影响因变量,则称该变量为中介变量。在本书的假设 4 中,自变量为投资者非理性行为,分别表现为投资者情绪和投资者过度自信,因变量为企业非效率投资,由于投资者的非理性行为是通过影响股价波动来影响非效率投资的,所以股价波动为中介变量。接下来分别验证投资者情绪通过股价波动影响非效率投资和投资者过度自信通过股价波动影响非效率投资的实现路径。

为验证股价波动中介效应是否成立,本书使用基于最小二乘 OLS 回归法的 Sobel-Goodman 检验和基于 FE 回归法的逐步检验两种方法回归系数是否显著来确定。如图 4.1 以投资者情绪为例的中介效率应分析步骤。其中,c 代表投资者情绪对非效率投资的总效应,ab 是投资者情绪通过股价波动影响非效率投资的间接效应,c' 为投资者情绪对非效率投资的直接效应。如果系数 c、a 和 b 均显著,则股价波动的中介效应成立,如果系数 c' 不显著则为完全中介,如果显著则为部分中介。

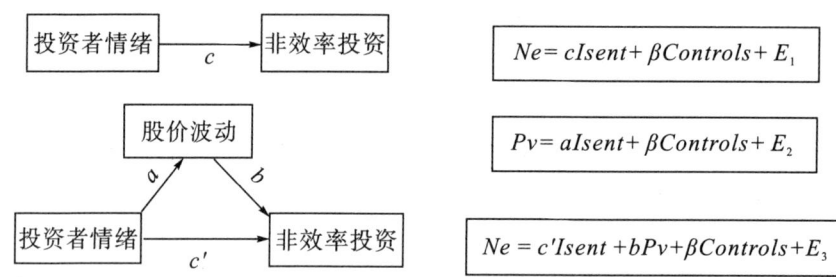

图 4.1 中介效应分析步骤

本书采用 Stata 程序中的 Sgmediation 命令进行中介效应的检验,其结果如表 4.8 所示。结果显示,股价波动在投资者情绪和投资者过度自信与企业非效率投资之间存在中介作用。

表 4.8 股价波动的 Sgmediation 命令中介效应检验结果

Sobel 检验	投资者情绪系数	投资者过度自信系数
Goodman-1	0.012*** (0.001)	0.007*** (0.001)
Goodman-2	0.012*** (0.001)	0.007*** (0.001)
系数 a	0.059*** (0.002)	0.038*** (0.002)
系数 b	0.205*** (0.015)	0.192*** (0.015)
间接效应(ab)	0.012*** (0.001)	0.007*** (0.001)
直接效应(c')	−0.005 (0.003)	0.001*** (0.003)
总效应	0.007*** (0.002)	0.008*** (0.003)

注:括号内为 t 值;*** $p<0.001$,** $p<0.01$,* $p<0.05$。

从表 4.8 中可以清楚地看到,投资者情绪通过股价波动对企业非效率投资的影响分别通过了 Goodman-1 和 Goodman-2 两步检验(MacKinnon & Warsi,1995;MacKinnon,Fairchild & Fritz,2007)。其中,系数 a 为

0.059，系数 b 为 0.205，间接效应（ab）为 0.012，均通过显著性检验；系数 c'（直接效应）为 -0.005，p 值为 0.134，没有通过显著性检验。这说明在投资者情绪通过股价波动对非效率投资的影响中，股价波动起到中介作用，并且是完全中介。

投资者过度自信通过股价波动对企业非效率投资的影响分别通过了 Goodman-1 和 Goodman-2 检验，投资者过度自信影响企业非效率投资的直接效应 c' 为 0.001，系数 a 为 0.038，系数 b 为 0.192，间接效应为 0.007，各系数效应均通过显著性检验。说明股价波动的中介效应成立，且为部分中介。

该结果验证了假设 4 的后半部分：投资者非理性行为通过股价波动与企业非效率投资正相关，股价波动在投资者非理性行为和非效率投资间起到中介作用。

由于 Sobel 检验是在最小二乘 OLS 回归基础上做的，本书数据为面板数据，为检验结果的稳健性，本书利用能控制个体效应的固定效应模型对该中介效应进行回归验证。由前面实证分析中表 4.7 的第 3、4 列的结果可以确定投资者情绪和投资者过度自信影响企业非效率路径中的总效应 c。为检验投资者非理性行为通过股价波动影响非效率投资的中介效应，还需要确定系数 a、c' 和 b，即验证投资者非理性行为对股价波动的影响系数、投资者非理性行为与股价波动共同对非效率的影响系数。本书利用 7301 个样本的平衡面板数据再做固定效应回归，其结果见表 4.7 中的第 5~8 列。

其中第 5、6 列分别为投资者情绪和投资者过度自信对股价波动的固定效应回归，投资者情绪和投资者过度自信的系数为 a，且显著；第 7、8 列分别为投资者情绪、投资者过度自信和股价波动一起对企业非效率投资的固定效应回归，其中投资者情绪和投资者过度自信的系数为 b，股价波动的系数为 c'。

为便于分析，本书将上述中介作用路径的相关效应及系数总结列于表 4.9 中。从表 4.9 中可清楚地看出，不管是投资者情绪还是投资者过度自信的总效应 c、系数 a 及系数 b 均显著，则股价波动的中介效应成立。

表 4.9 股价波动中介效应相关数据

变量及效应	投资者情绪		投资者过度自信	
	数值	所在位置	数值	所在位置
总效应 c	0.006***	表 4.7 中第 3 列	0.012***	表 4.7 中第 4 列
系数 a	0.058***	表 4.7 中第 5 列	0.058***	表 4.7 中第 6 列

续表

变量及效应	投资者情绪		投资者过度自信	
	数值	所在位置	数值	所在位置
系数 b	0.112***	表 4.7 中第 7 列	0.093***	表 4.7 中第 8 列
直接效应 c'	−0.001	表 4.7 中第 7 列	0.007***	表 4.7 中第 8 列
间接效应 ab	0.006	—	0.005	—

注：*** $p<0.001$，** $p<0.01$，* $p<0.05$。

在投资者情绪对企业非效率投资的影响路径中，由于投资者情绪的直接效应 c' 系数不显著，总效应和间接效应均为 0.006，说明股价波动在投资者情绪和企业非效率投资之间是完全中介。在投资者过度自信对企业非效率投资的影响路径中，直接效应 c' 显著，数值为 0.007，间接效应为 0.005，总效应为 0.012，说明股价波动在投资者过度自信和企业非效率投资之间是部分中介。

综上，本书采用 Sobel 检验和固定效应回归后的两种逐步检验法进行中介效应的检验，其统计结果均验证了假设 4 成立，即投资者非理性行为通过股价波动与企业非效率投资正相关，股价波动在二者间起到中介作用。

4.3 综合影响及股价波动调节效应的实证分析

本小节仍用平衡面板数据进行固定效应模型分析来验证假设 5（投资者和管理者的多种非理性行为的共同作用与非效率投资正相关，且股价波动在管理者非理性行为与非效率投资间起到正向调节作用）。首先以投资者过度自信和管理者的三种非理性行为以及股价波动为解释变量（由于前面论述得出股价波动在投资者情绪和非效率之间是完全中介效应，所以这里没有将投资者情绪纳入解释变量），以非效率投资为被解释变量，分别进行固定效应模型回归（回归结果见表 4.9 中第 1、2 列）。然后以管理者过度自信、风险偏好、从众行为和股价波动分别与股价波动的交互项为解释变量，以非效率为被解释变量，检验股价波动的调节作用（回归结果见表 4.10 中第 3、4 列）。

表 4.10 多种非理性行为的综合影响及调节效应的 FE 回归

模型	Fe	Fe	Fe	Fe
列数	(1)	(2)	(3)	(4)
变量	Ne	Ne	Ne	Ne
Ioc	0.008*** (0.003)	0.010*** (0.003)		
Moc	0.054** (0.025)	0.077*** (0.024)	0.053** (0.027)	0.083*** (0.026)
Mrp	0.002 (0.005)	−0.007 (0.005)	0.003 (0.005)	−0.007 (0.005)
Mh	0.511*** (0.098)	0.749*** (0.114)	0.567*** (0.103)	0.811*** (0.117)
Pv	0.054** (0.024)	0.067*** (0.023)	0.050** (0.022)	0.067*** (0.022)
$Moc*Pv$			0.016 (0.158)	0.108 (0.150)
$Mrp*Pv$			−0.016 (0.018)	−0.018 (0.016)
$Mh*Pv$			−0.820*** (0.227)	−0.846*** (0.217)
$Size$		0.058*** (0.011)		0.061*** (0.011)
Lev		−0.041*** (0.006)		−0.042*** (0.006)
$Growth$		0.034*** (0.009)		0.030*** (0.009)
Cf		−0.011*** (0.004)		−0.010*** (0.004)
$Cash$		0.039*** (0.004)		0.039*** (0.004)
Roa		0.002 (0.005)		−0.001 (0.005)
常数项	0.302*** (0.007)	0.322*** (0.008)	0.313*** (0.008)	0.333*** (0.009)
观测值	7,301	7,301	7,301	7,301

续表

模型	Fe	Fe	Fe	Fe
列数	(1)	(2)	(3)	(4)
变量	Ne	Ne	Ne	Ne
企业家数	1,043	1,043	1,043	1,043
调整 R^2	0.380	0.409	0.381	0.409

注：括号内为Bootstrap稳健性标准误；*** $p<0.001$，** $p<0.01$，* $p<0.05$。

在进行固定效应回归时，仍在控制时间和行业变量的基础上采用Bootstrap抽取法抽取150次获取标准误。表中调整 R^2 均在40%左右，拟合较好，每次回归常数项均显著，且数值均在0.30左右波动，大部分控制变量得到与文献大致相同的方向和显著性水平。

第1列为不加入控制变量时投资者过度自信、股价波动、管理者的三种非理性行为对非效率的综合影响回归结果，第2列为加入控制变量后的结果。结果显示，不加入控制变量时，除管理者风险偏好 Mrp 的系数不显著外，管理者过度自信 Moc、管理者从众行为 Mh 以及投资者过度自信 Ioc 和股价波动 Pv 的系数均在1%或5%水平上显著为正。加入控制变量后，除管理者风险偏好 Mrp 的系数负向不显著外，管理者过度自信 Moc、管理者从众行为 Mh 以及资者过度自信 Ioc 和股价波动 Pv 的系数均在1%水平上显著为正。这说明除管理者风险偏好外，其他投资者和管理者的非理性行为与非效率投资显著正相关。且除投资者过度自信外，其他非理性行为的系数均比单独对非效率投资的系数要小，说明投资者过度自信、股价波动、管理者三种非理性行为的共同作用对企业非效率投资也呈显著的正向影响，并且在管理者和投资者非理性的相互作用下，对非效率的影响程度相对减弱（除管理者风险偏好不显著外）。假设5得到部分验证（假设5：有限理性的投资者和管理者的多种非理性行为共同作用时与非效率投资正相关，股价波动在管理者非理性行为与非效率投资间起到正向调节作用）。

第3列是不加控制变量时股价波动在管理者的三种非理性行为与非效率投资间调节效应的回归结果。结果显示管理者过度自信 Moc、管理者从众行为 Mh 和股价波动 Pv 的系数动均显著为正，管理者风险偏好 Mrp 的系数为正但不显著；管理者过度自信和股价波动的交互项 $Moc*Pv$、管理者风险偏好和股价波动的交互项 $Mrp*Pv$ 的系数分别为0.016和-0.016，标准差分别为0.158和0.018，p 值分别为0.918和0.373，均未能通过显著性水平检验。

这说明投资者非理性引起的股价波动不能调节管理者过度自信和管理者风险偏好与企业非效率投资间的相关性；但其交互项 $Mh*Pv$ 系数为 -0.821，标准差为 0.227，p 值为 0.000，通过了 1% 的显著性水平检验，说明股价波动在管理者从众行为和企业非效率投资间具有反向调节作用，即股价波动能减弱管理者从众行为与企业非效率投资间的正相关关系。

第 4 列是加入控制变量时股价波动在管理者的三种非理性行为与非效率投资间调节效应的回归结果。结果与不加入控制变量时类似，管理者过度自信 Moc、管理者从众行为 Mh 和股价波动 Pv 的系数均在 1% 水平上显著为正，而管理者风险偏好 Mrp 系数为负但不显著；管理者过度自信和股价波动的交互项 $Moc*Pv$ 以及管理者风险偏好和股价波动的项 $Mrp*Pv$ 的系数均不显著。这说明股价波动不能调节管理者过度自信、管理者风险偏好与企业非效率投资间的相关性；而管理者从众行为和股价波动的交互项 $Mh*Pv$ 的系数为 -0.846，标准差为 0.217，p 值为 0.000，通过 1% 的显著性水平检验，说明市场股票价格的波动能反向调节管理者从众行为与非效率投资间的正相关性，能减弱管理者从众行为对非效率投资的损害程度。

出现该结果的原因可能是管理者的非理性行为是一种复杂的心理偏差。管理者过度自信与风险偏好是一种个人偏好特质，是出自管理者内心本质的心理思维惯性，不容易受到外界因素的影响而改变；而管理者从众心理很容易受到外界环境的影响而改变，当股价波动越强烈时，管理者"害怕损失，规避风险"的心理越突出，越可能会减少其盲目跟风投资行为，从而缓解对企业非效率投资的影响。

4.4 本章小结

本章对提出的五个假设逐一进行实证分析，实证涉及三个方面（实证结果见汇总表 4.11）：一是管理者的三种非理性表现形式对企业非效率投资的直接影响，以及将管理者过度自信分样本后的管理者风险偏好、管理者从众行为对非效率投资影响的比较分析（验证 H1、H1-1 和 H1-2）。二是投资者两种非理性表现形式通过股票价格波动对非效率投资的动态影响，包括股价波动在投资者非理性行为与非效率投资间的中介作用的实证（验证 H2、H3 和 H4）。三是管理者和投资者二者的非理性行为对非效率投资的综合影响、投资者引起的股价波动在管理者非理性行为与非效率间的调节作用的实证（验证 H5）。

表 4.11 实证研究结果汇总

序号	前提	假设内容	实证结果	备注
H1	管理者有限理性,投资者理性	管理者的多种非理性行为的共同作用(管理者过度自信、风险偏好和从众行为)与企业非效率投资显著正相关。	过度自信与从众行为均显著正相关,但管理者风险偏好显著负相关[表 4.2(6)(7)]。	部分得证
H1-1	管理者有限理性,投资者理性	管理者过度自信时,其风险偏好与非效率投资正相关,其从众行为与非效率投资正相关。	从众行为显著正相关,风险偏好负向不显著[表 4.2(9)]。	部分得证
H1-2	管理者有限理性,投资者理性	管理者非过度自信时,其风险偏好与非效率投资负相关,其从众行为与非效率投资正相关。	从众行为显著正相关,风险偏好显著负相关[表 4.2(11)]。	得证
H2	管理者理性,投资者有限理性	投资者的两种非理性行为共同作用时(过度情绪和投资者过度自信)与股价波动正相关。	均显著正相关[表 4.4(6)(9)]。	得证
H3	管理者理性,投资者有限理性	股价波动与企业非效率投资正相关,股价高估(或低估)时增加过度投资(或投资不足)。	均显著正相关[表 4.6(2)~(7)]。	得证
H4	管理者理性,投资者有限理性	投资者的两种非理性行为的共同作用与企业投资规模正相关,并通过股价波动正向影响企业非效率投资,股价波动在二者间有中介作用。	均显著正相关[表 4.7 和表 4.8]。	得证
H5	管理者和投资者均有限理性	投资者和管理者的多种非理性行为的共同作用与非效率投资正相关,且股价波动在管理者非理性行为与非效率投资间有正向调节作用。	投资者过度自信、股价波动、管理者过度自信、管理者从众行为与企业非效率投资均显著正相关,管理者风险偏好负向不显著[表 4.10(2)];股价波动与管理者从众行为的交互项显著负相关,其他交互项不显著[表 4.10(4)]。	部分得证

注:作者自行整理。

管理者非理性行为与企业非效率投资的实证结果发现,管理者过度自信与管理者从众行为均对企业非效率投资产生正向显著影响,而管理者风险偏好对非效率投资有显著负向影响，因此假设 1 得到部分验证；分样本时，过度自信管理者的从众行为对非效率投资的影响尤为严重，且非过度自信管理者的风险偏好行为会显著缓解非效率投资，即管理者风险偏好与企业非效率投资显著负相关。

投资者非理性行为与非效率投资的实证采用固定效应模型和动态面板数据的 SYS-GMM 估计法分别进行检验，结果显示，投资者过度自信、投资者情绪、投资规模和非效率投资均显著正相关，并且通过股价波动的中介与非效率投资显著正相关；股价波动与非效率投资显著正相关，且在投资者过度自信与非效率投资间起到部分中介作用，在投资者情绪和非效率投资间起到完全中介作用。

管理者与投资者均有限理性时，投资者过度自信、管理者过度自信和管理者从众行为与非效率投资均显著正相关，管理者风险偏好的影响不显著；股价波动在管理者从众行为与非效率投资间起到反向调节作用，即股价波动能减弱管理者从众行为与企业非效率投资的正相关关系。

第 5 章 讨论与总结

由于股市投资者和企业经营管理者在进行投资决策时均可能产生非理性行为，给中国股市的健康发展以及中国实体经济的经营带来不良的后果，本章在对实证研究结果讨论和总结的基础上，针对如何培育投资者和管控资本市场，以及培养管理者和非效率投资管理等方面提出相应建议。

5.1 讨论

行为金融理论是心理学和金融学交叉结合的研究成果，它是在对"理性经济人"假设和"有效市场"假说进行修订的基础上，研究人的有限理性行为特征，重点分析人的有限理性以及非理性行为对个体决策的影响。"有限理性"与"非理性"的概念并非绝对的，而是相对于"理性"而言的。"非理性行为"是从心理学理论中引入金融学中的概念，是一种源于生理和心理机制描述个体决策者决策行为的方法。本书认为理性是指一种最理想的、本能的、恰到好处的合理的最优状态。事实上在生活或经营中，人们往往根据短期历史数据或者其他能获取的并通过自己解读的信息来预测未来的不确定性，决策时很难达到恰到好处的最优状态而偏离理性。这对股市投资者和企业的经营管理者也不例外，他们的决策也往往不都符合经济理性最大化假设，其决策过程和结果并非完全理性。

5.1.1 管理者多种非理性行为与企业非效率投资

近年来，管理者的非理性行为对公司决策所造成的影响引起国际学术界的重视，公司行为金融得到长足的发展。"非理性管理层"假说认为，企业管理者在不确定性情况下进行判断和决策时，往往会受到自身心理因素、情感喜好、信仰信念、脾气心性等的影响，对决策的结果无法以"理性经济人"的方式做出无偏估计，因此无法制定"完全理性"的决策，即企业管理者由于认知偏差导致各种非理性行为，在决策时不能总是满足效用最大化的目标。管理者在进行决策时可能同时表现出多种非理性心理，其最终决策的选择是由多种非理性心理共同作用后的结果。因此，本书在验证学者们对管理者的各种非理行为单独研究的基础上，将管理者普遍存在的过度自信心理以及管理者较为常见的风险偏好和从众心理纳入同一纬度，实证分析这些非理性心理偏差对非效率投资的综合影响。

1. 单独考察管理者非理性行为对企业非效率投资的作用

本书单独了考察管理者过度自信对企业非效率投资的影响，结果与前人的研究结果一致。用中国股市长达十年的研究样本验证了 Roll（1986）的"管理者自大"假说和 Heaton（2002）的"管理者乐观"假说，说明管理者过度自信现象不分国籍普遍存在，并且都会由于管理者对自身能力的高估而导致投资行为扭曲，形成非效率投资。

单独考察从众行为对非效率投资的影响也得到与前人一致的研究结论，即从众行为会正向影响非效率投资。实证结果显示，1个单位从众行为的增加会导致非效率投资平均提高接近 5 倍，这也印证了 Li et al.（2014）在其研究中提出的管理者从众行为这种个人层面的理性行为可能导致市场和经济中的重大信息和福利损失。从微观层面看，从众行为直接给企业带来投资低效率；但从宏观层面看，个体的从众行为偏差可能会引起群体行为偏差，这种群体行为偏差会对整个宏观经济带来巨大的不良经济后果。比如最近几年风靡中国以及全世界的共享经济，许多管理者跟风投资于共享经济的风帆下。中国于 2016 年下半年到 2017 年上半年就有 9 家上市公司先后追风投资于共享经济。从 2017 年底起共享经济风靡全球，投资于共享经济的 224 家独角兽企业中就有 60 家中国企业（中国国家信息中心，2018）。近年来中国共享经济交易额逐年高速增长，2020 年以共享经济为代表的新业态新模式表现出巨大的韧性和发展潜力，全年共享经济市场交易约为 3.37 万亿元，同比增长约 2.9%。考虑 2021 年后中国的宏观经济可能出现较强的复苏，预计接下来的几年间中国共享经济交易额的年增速将有望达到 10%～15%。对于共享经济的投资是一种典型的管理者个体的从众跟风投资行为。虽然共享经济是中国近几年的投资热点，但共享经济是否能长足发展，是否属于本企业的发展战略规划，这些均有赖于管理者理性的商业判断。因此，对管理者从众投资行为和心理应引起足够重视，因为当管理者个体的从众行为引发市场群体从众行为偏差时，不仅会造成微观

企业的非效率投资，还可能对宏观经济造成不良后果。

单独考察管理者风险偏好对企业非效率投资的影响，本书的研究结果认为，中国上市公司管理者的风险偏好与企业非效率投资负向相关，但不显著。国内学者普遍认为，管理者偏好风险和厌恶风险都会导致企业非效率投资。喜好风险的管理者倾向于更多投资，容易投资净现值小于零的项目，形成过度投资。而厌恶风险的管理者投资时更谨慎保守，容易忽略掉净现值大于零的投资项目，形成投资不足。但国外学者 Kremer et al.（2013）、Patillo & Söderbom（2000）认为喜好风险型管理者所在的企业投资规模更大并且企业发展得也更快，本书的结论可能与这更为接近，即国内企业管理者风险偏好水平越高，其做出的决策越可能降低企业效率投资。

2. 综合考察管理者非理性行为对企业非效率投资的影响

综合考察管理者过度自信、管理者风险偏好和管理者从众行为对企业非效率投资的影响，本书得出结论：当这三种非理性行为同时影响非效率投资时，管理者的过度自信和从众行为均与非效率投资显著正相关，并且其相关性比单独影响时更高，影响程度更大。这说明这三种非理性行为相互作用时，加剧了管理者过度自信和管理者从众行为对非效率投资的影响程度；而管理者风险偏好与非效率投资呈显著负相关关系，即共同作用时管理者风险偏好能显著抑制非效率投资。

结果显示，当单独考察管理者风险偏好对非效率投资的影响时其呈负相关但不显著；在与其他两种非理性行为共同作用时，呈现一定程度的显著负相关。从该数据变化可以看出，中国上市公司管理者在 2009—2018 这个数据期间，其风险偏好对企业的非效率投资影响并不显著，且该期间上市公司管理者表现出的风险厌恶水平可能高于风险偏好水平，如果管理者风险偏好水平能进一步提高，则可能在一定程度上会抑制企业非效率投资程度。众所周知，中国股市从 2006 年的 1000 点到 2007 年的 6100 点，再从 2007 年的 6100 点到 2008 年 1664 点，过山车一样疯狂之后，一直处于较为平稳的低股指调整状态，中国上市公司的管理者所持有的股权从股市中获得的收益较为有限，其在公司投资决策时表现出风险偏好水平不高。

3. 分样本考察管理者非理性行为对企业非效率投资的影响

控制管理者过度自信分样本下的检验结果显示，过度自信管理者与非过度自信管理者的从众行为与非效率投资均显著正相关，其对非效率投资的影响程度远远大于其单独对非效率投资的影响程度,这与综合考察三者对非效率投资的共同影响结果一致;但过度自信的管理者和非过度自信管理者的风险偏好与非效率投资间均呈负相关关系,且非过度自信管理者的风险偏好的负相关性显著。也就是说,当管理者过度自信与其他的非理性行为结合起来时,管理者风险偏好对企业投资效率会产生正面积极的影响,这与 Jingoo et al.(2018)的研究结果基本一致。他的研究认为,管理者过度自信就单方面看对企业的投资和价值有负面影响,但如果从多方面看,比如结合管理者的短视偏差或管理者风险偏好来看可能对企业的投资和价值产生共同的正面影响。

因此,企业在对管理者的非理性行为进行管理和培养时,针对非过度自信的管理者应着力培养其风险喜好水平,鼓励其强化冒险创新精神,引导企业以最小风险获得最高收益。

5.1.2 投资者多种非理性行为与企业非效率投资

投资者非理性行为是指投资者在投资决策过程中,由于投资者的认知偏差、情感偏差和意志偏差等和外界的干扰,无法做到符合经济理性最大化假设的状态,而往往采取一些非理性的投资决策行为。这些投资决策偏差会使资产价格偏离其内在价值而上下波动,使公司股票价格被错误高估或低估,而理性的管理者由于股价被错误高估或低估,本能地采取迎合或股权融资的投资策略,但往往会形成无效率的投资,即投资者的非理性行为通过股价波动对企业的非效率投资产生间接影响。投资者非理性表现形式有很多种,包括投资者过度自信、非理性情绪、过度反应、反应不足、损失厌恶、反馈机制等。本书选择其中两种较为常见的非理性表现形式,实证研究了这两种常见的投资者非理性表现行为通过股价波动对企业非效率投资的间接影响。

1. 投资者两种非理性行为对股价波动的影响

首先单独考察投资者过度自信和投资者情绪分别对股价波动的影响,均得到投资者情绪和投资者过度自信与股价波动正相关,这与其他学者得出的结论一致。然后,本书进一步研究这两种非理性行为对股价波动的综合影响,结果显示,在共同作用下,投资者情绪和投资者过度自信对股价波动的影响均比单独作用的程度要小,说明在中国资本市场上,对同一只股票同时存在投资者的多种非理性行为时,投资者可能会相对更多地考虑公司的基本面财务状况,二者对股价波动影响的个体效应可能被相互吸收,致使对股价波动的影响程度减弱。这也是本书突破前人的一大新发现。

2. 股价波动对企业非效率投资的影响

关于股价波动对企业非效率投资的影响基于托宾提出的股票市场价格变动与企业投资是相关的这一理论。大部分学者认为，股票市场价格变动与企业投资是相关的，且有学者通过实证研究得出股票价格的变动直接影响企业投资效率（Lettau & Wachter, 2007; Liu et al., 2009）。也有小部分学者认为，股票价格的波动对企业投资的影响有限（Morck & Yeung, 1990; Chirinko & Schaller, 2011）。他们认为投资的主要影响因素不是基本面以外的市场非理性因素，而是市场的基本面信息。本书得出的结论与大多数学者的结论一致，在2009—2018年中国上市公司的股票价格偏离基本面上下波动的部分与企业的非效率投资直接正相关，即对企业投资效率起到消极影响。也就是说，当托宾 Q 值大于 1 或小于 1 的幅度越大，管理者从理性角度进行投资决策，对企业效率的损失越大。

本书还进一步研究了股价高估和股价低估对企业投资效率的具体影响。实证结果显示，当股价被高估时，管理者本能地迎合股价上扬产生投资冲动，或过多融入成本较低的股权资本而增加投资，导致企业过度投资；而当股价被低估时，管理者本能地考虑维持公司股价继续下跌或考虑延缓潜在投资项目的实施，导致企业投资不足，这与 Gilchrist et al.（2013）的研究结果不谋而合。

3. 投资者非理性行为通过股价波动对企业非效率投资的影响

本书认为，投资者的非理性行为对企业非效率投资的影响是通过股价波动形成的间接影响，股价波动起到中介作用。而现有文献关于投资者非理性行为对公司投资行为的影响路径的研究主要是通过三种路径实现的：一是"股权融资依赖渠道"（Baker & Wurgler, 2004），二是"理性迎合渠道"（Polk & Sapienza, 2009），三是"虚假信息渠道"。本书在分析时认为不管基于什么渠道，投资者的非理性行为对企业非效率投资的影响均是股价偏离于基本面价值的上下波动导致的，本书也实证验证得出股价波动在投资者非理性行为与企业非效率投资间起到部分中介作用。当然实证也验证了投资者非理性行为对企业非效率投资也有一小部分的直接影响，比如股价波动在投资者过度自信和非效率间就是部分中介作用。也就是说，除通过股价波动起到的中介作用外，投资者非理性行为本身对企业非效率投资也有影响，因此本书结论与前述的三种渠道影响非效率投资是不冲突的。

由于投资者非理性行为影响企业投资决策行为必然会影响企业的投资规模

的变化，且投资规模与投资效率不能等同，因此本书进一步研究了非理性行为对投资规模的影响。实证结果得出非理性行为对投资规模有明显的正向影响，对非效率也有明显的正向影响。这表明在中国投资者非理性既增加了企业投资规模，也恶化了企业投资效率。这与朱颖佳、邱妘（2014）的研究结论（中国股市投资者非理性的高涨能增加企业的投资水平，但并不能改善企业投资效率）一致。

从理论上分析，当投资者非理性行为导致股价上升，使企业管理者主动融入低成本的股权资金进行投资，增大投资规模，但增加的投资并不一定都是非效率的投资，也有属于受财务约束的企业利用股权融资后进行的有效投资；或者由于投资者非理性行为导致股价下跌，使一些投资已经达到最优的企业减少那些净现值可能小于零的投资。也就是说投资规模增大，可能减少投资不足或降低过度投资，企业可能对企业投资效率起到积极作用。但中国资本市场的数据显示，投资者非理性行为对非效率投资的正向关系是相当显著的，说明在中国资本市场上投资者非理性行为带来的投资规模增大形成的无效投资多于有效投资。

5.1.3 管理者和投资者的非理性行为与企业非效率投资

前述分析管理者和投资者对企业非效率投资的影响，均是在假设一方理性，另一方有限理性下进行的。在不考虑投资者的情况下，管理者的非理性行为会直接影响企业的非效率投资；而在管理者理性假设下，投资者的非理性行为也会通过股价波动间接影响企业的非效率投资。这两类决策者均通过不同方式和途径对企业的非效率投资产生影响。由于在实际决策时，股票市场上的投资者和生产经营中的管理者二者的有限理性是共同存在的，但目前仅有一小部分文献将二者纳入同一框架进行考察，并且均是以管理者的非理性行为为中介变量来展开研究的。

有学者认为投资者情绪影响企业投资行为是通过"管理者乐观主义的中介渠道"，还有学者均认为管理者过度自信在投资者情绪与企业投资行为间起到中介作用。本书并不赞同这些观点，因为做出企业投资决策行为的是管理者，所以对企业投资决策行为或投资效率的直接影响因素应该是管理者的非理性行为，不可能建立管理者非理性行为的中介效应渠道。

本书最终完全放宽理性假设，同时考虑二者对企业非效率投资的影响，认为在投资者与管理者均为非理性假设时，二者表现出来的各种非理性行为与非效率的综合影响均为正向显著（管理者风险偏好除外），但其影响程度比各种

非理性行为单独一种为非理性时要稍低些。而管理者风险偏好与企业非效率投资负相关但不显著,说明在投资者与管理者均有限理性时,各种非理性行为虽然仍然有损企业的投资效率,但由于各种行为间的相互作用会一定程度上减轻对企业非效率投资的影响程度(管理者风险偏好除外)。

由于投资者和管理者均存在决策偏差,管理者对资本市场上的托宾 Q 值即股价波动的反应就不再是理性的或本能的,因此在管理者看来,资本市场上的股价波动是有失偏颇的,即资本市场上的托宾 Q 值不同于管理者的托宾 Q 值,因为有限理性的管理者认为自己掌握的信息比资本市场上投资者掌握的信息要更全面、更真实、更具前瞻性,股票市场上投资者非理性导致股价波动时,管理者综合自己掌握的内部基本面信息以及从市场上获取的外部信息(包括市场、环境、政策、股市大行情等),可能会认为企业股价应该比市场上现有的股价更高或更低,即管理者的托宾 Q 值会高于或低于投资的托宾 Q 值,管理者会根据自己的判断做出投资决策,具体是增加投资还是减少投资,这有赖于有限理性的管理者当下的判断。

当然如果管理者认为自己公司的股价应更高于或能持续更高于资本市场的股价时,管理者本着价值最大化目标,则会继续融入股权资本,扩大投资规模,最终容易形成投资过度;如果管理者认为自己公司的股价应更低于或将持续更低于资本市场的股价时,则不会进行股权融资,甚至会为维持股价而回购股票,因此管理者将缩减投资规模或延缓已有投资,最终容易形成投资不足。因此,本书认为对企业非效率投资的影响取决于管理者的有限理性判断,投资者非理性对非效率投资的影响仅通过股价波动起到间接的作用,股价波动在二者的非理性行为与非效率投资之间起到中介或调节作用。

本书通过实证验证得出投资者非理性行为引起的股价波动对管理者的从众行为有显著的反向调节作用,也就是在托宾 Q 值作用下管理者从众行为能在一定程度上抑制非效率投资的增加。股价波动对管理者过度自信与风险偏好的调节作用不显著,出现该结果的原因可能是管理者的非理性行为受诸多因素的影响,是一种较为复杂的心理偏差,其表现形式多种多样,而且有的表现形式随不确定环境的变化而变化。其中管理者过度自信与风险偏好相对从众行为来说,是管理者个人的一种喜好特质,是出自管理者内心本质的、内在的、天生的或者从小养成的一种心理思维惯性或特性,不容易受到外界因素的影响而改变;而管理者从众行为是后天具有的,主要受到外界环境的影响而改变,是一种被迫从众跟风的行为。当股价波动越强烈时,管理者"害怕损失,规避风险"的心理越突出,战胜了管理者想要从众跟风投资的动机,管理者会害怕损失而减少其盲目跟风投资行为,从而缓解企业的非效率投资。

综上所述,管理者和投资者的非理性表现形式多种多样,这些表现形式直接或间接地作用于企业的非效率投资,在作用过程中相互影响、相互作用,但起着主导作用的是管理者的有限理性决策,然而最终非效率投资的结果只能合理预测,无法准确判断,就像股市 K 线图的右半部分一样永远无法准确预知。

5.2 总结

5.2.1 理论贡献

企业投资效率的管理是公司财务管理的重要问题之一。近年一些企业呈现出投资行为扭曲现象,如频繁变更投资方向、过度投资以及投资效率和效益低下等。投资者和管理者非理性对企业非效率投资的影响逐渐引起学术界的广泛关注,成为目前的一个热点问题。

本书的研究结论主要有以下几个。

1. 单独考察管理者的非理性行为对企业非效率投资的影响

单独考察管理者的非理性行为对企业非效率投资的影响时有如下结论:管理者过度自信、企业非效率投资显著正相关,管理者从众行为与企业非效率投资也显著正相关,管理者风险偏好对非效率投资影响不显著。综合考察三种非理性行为对非效率投资的综合影响时,管理者过度自信、从众行为与非效率投资显著正相关,且影响程度大于单独对非效率投资的影响;而管理者风险偏好与企业非效率投资显著负相关。在分样本研究时得出结论,过度自信、非过度自信的管理者的从众行为与企业非效率投资均显著正相关。总体说明在管理者非理性且投资者理性的假设下,管理者过度自信、管理者从众行为会恶化企业投资效率;而管理者风险偏好却在一定程度上能减轻企业的非效率投资,对投资效率的提升起到积极作用。

2. 单独考察投资者非理性行为对股价波动与企业非效率投资的影响

利用固定效应、系统矩估计方法单独和综合考察投资者非理性情绪、投资者过度自信与企业股价波动均显著正相关,股价波动与企业非效率投资显著正

相关，投资者非理性行为与投资规模显著正相关，投资者过度自信与非效率投资显著正相关；股价波动在投资者过度自信与非效率投资间起到部分中介作用，在投资者情绪与非效率投资间起到完全中介作用。投资者情绪、投资者过度自信均与公司投资规模显著正相关。总体上得出结论，在投资者非理性且管理者理性的假设下，中国资本市场上，投资者情绪、投资者过度自信对企业非效率投资的影响是通过股价波动的中介作用带来的间接影响，这种影响恶化企业投资效率。也就是说，投资者非理性行为影响企业管理者的投资决策行为，使企业投资规模增加，企业投资效率下降。

3. 综合考察管理者和投资者的非理性行为对企业非效率投资的影响

管理者非理性行为和投资者非理性行为对企业非效率投资的综合影响为：投资者过度自信、股价波动、管理者过度自信、管理者从众行为均与企业非效率投资显著正相关，只是相关系数比单独一方为非理性时要稍低些；而管理者风险偏好与企业非效率投资负相关但不显著。这说明在投资者与管理者均有限理性时，各种非理性行为虽然仍然有损企业的投资效率，但由于各种行为间的相互作用会一定程度上减轻对企业非效率投资的影响程度（管理者风险偏好除外）。在考察投资者非理性行为引起的股价波动对管理者非理性与企业非效率间的调节作用时得出结论，股价波动仅对管理者从众行为与非效率间进行反向调节。这说明管理者非理性行为与投资者非理性行为相互作用时，能在一定程度上减轻这些行为对非效率投资的影响程度。

综上所述，在非理性行为对非效率投资的影响过程中，投资者和管理者均可能同时表现出多种不同的非理性行为，管理者的非理性行为直接对非效率投资产生影响，投资者非理性行为通过股价波动间接对非效率投资产生影响，股价波动在投资者非理性与非效率投资间起着中介作用，在管理者非理性行为与非效率投资间起着调节作用。

5.2.2 研究创新

与之前学者们关于非理性行为对企业非效率投资的研究相比，本书的研究贡献和可能的创新之处主要有以下几个方面：

（1）逐步放宽理性管理者和投资者的假设，将管理者非理性行为与投资者非理性行为纳入同一框架研究，拓宽了非理性行为与企业非效率投资的研究范围。

将非效率投资问题纳入托宾 Q 理论的检验视野，认为资本市场上的托宾 Q 值与非理性管理者的托宾 Q 值有所不同。在非理性行为对非效率投资的影响过程中，主要的影响是非理性行为所形成的管理者 Q 值对投资决策的影响。并通过实证得出，投资者非理性行为仅通过股价波动间接影响非效率投资，且股价波动（资本市场的托宾 Q 值）在管理者非理性行为与非效率投资间起到反向调节作用，这也是本书的重要贡献和创新内容。

（2）突破已有文献仅对管理者的某一种非理性表现形式单独研究的局限，全面系统地综合考察管理者常见的三种非理性表现形式对非效率投资的影响，并分别实证研究这三种非理性表现形式间的相互作用，得出不管是否过度自信，管理者的从众行为对非效率投资的恶化作用极大，从宏观上容易给整个社会经济带来不良后果；非过度自信管理者的风险偏好能在一定程度上抑制非效率投资。这为企业非效率投资管理和考核管理者的非理性行为提供方向性的指导。

（3）在研究投资者非理性行为影响企业投资时，首先，本书突破已有文献仅研究投资者的某一种非理性行为对企业投资影响的局限，综合考察了投资者过度自信和投资者情绪对企业非效率投资的影响，发现投资者这两种常见的非理性行为均能增加企业投资规模，但却不能增加投资效率，反而助长了非效率投资的增加。其次，用托宾 Q 值表示股价波动，实证得出股价波动在投资者非理性行为与非效率投资间起着中介作用。这是本书的重要贡献之一，丰富了关于托宾 Q 理论的内涵。

5.2.3 管理启示

本研究的结果具有实际意义，可对从业人员提供有用的建议。

1. 关于加强管理者非理性行为的引导激励

由于研究发现管理者过度自信和从众行为会造成企业较多的非效率投资，并且管理者的风险偏好在一定程度上可以缓解企业非效率投资，因此认为可以采取以下管理策略以克服或减少管理者的这些非理性行为对企业投资效率的影响。

首先，建立健全管理者招聘选拔机制（设计管理者非理性评价指标体系）。管理者的非理性心理和行为很大程度上受到其性别、年龄、教育背景、经历、社会资本等个人特征的影响，这就要求企业在对外招聘或内部选拔管理者时，除了考虑管理者的专业知识和能力外，还应当考虑管理者的个人背景及心理特

征等因素，然后与企业的人才需求进行匹配，选择更适合企业的管理者，避免管理者的心理偏差等因素对企业经营决策造成的负面影响。

其次，应构建管理者学习机制，对管理人员定期和不定期进行培训。企业应构建定期和不定期的培训学习机制，为管理者营造良好的学习机会和氛围，要求管理者不仅要主动学习、获取新知识以完善自我，同时要求管理者必须集中参加一系列的项目培训，并集体研讨总结，帮助管理者持续地学习新知识，更好地正确认知自身的知识和能力，及时学会克服和纠正可能会有损企业发展的过度自信心理和跟风从众行为偏差。

再次，正确激励和监督管理人员。因为管理者薪酬公平程度越高，管理者能力对企业投资从众行为的抑制作用越强（张敦力、江新峰，2015）；管理者报酬中股权或期权报酬所占比重较大，可以增加管理者的风险偏好水平，抑制管理者的从众行为；采用声誉等精神激励方式，也可以避免和减轻管理者的非理性行为。因此，企业应制定多元化的薪酬激励制度，引入精神激励方式，从制度上科学合理地避免管理者非理性决策行为的发生。

最后，建立管理者的业绩评估考核和监督机制。尽可能选择考核时间较长的绩效考核指标，合理评估管理者在一个较长时间内的管理能力和业绩，运用科学合理的方法进行客观衡量，以防止激励机制诱导管理者的过度自信心理。

2. 投资者的培育和资本市场的管控方面

考虑到投资者情绪以及投资者过度自信会使股价偏离其基本面而上下波动，并且股价上扬会带来过度投资，股价下跌会导致投资不足，因此本书提出如下一些措施培育投资者理性投资，并减少股价的非正常波动，以维持股市稳定良性发展。

首先，投资者自身应主动加强投资知识的学习和心理素质训练。不仅要认真学习股市投资知识，还要训练控制自己的情绪和减少自身认知偏差。在投资前，认真分析股市行情以及各种信息，选择经营良好、发展前途看好的个股进行投资；在投资时，持有自己见解，不跟风投资，不受市场情绪干扰，也不要过度自信，减少频繁交易，增加盈利机会。

其次，监管部门应合理引导投资者，尊重公司基本面的实际价值，减少股价过度波动。股价过度波动不仅对企业投资效率产生间接影响，而且给投资者带来直接风险和损失，连带产生一系列不良经济后果。因此监管部门应对股市进行宏观调控，引导投资者（包括机构投资者和个人投资者）都要基于公司的基本价值来做出投资判断，减少股价的过度波动。

最后，政府还应理清投融资机制，带动实际投资增多。根据本书前述托宾 Q 理论和推导模型，股价的高估可以促进企业进行股权融资，进而投资实体经济。也就是说，金融市场的资金流动性可以通过股市流到企业，企业再通过投资转为实体经济的产出，因此股市是金融服务实体经济的主要通道，是直接融资的表现。

3. 关于企业非效率投资管理方面

当管理者和投资者均假设有限理性时，企业非效率投资的主观影响因素是管理者自身偏差产生的非理性行为，因此为防止管理者做出非理性的、主观的、片面的投资决策，企业应从制度上系统性地约束管理者的决策权力，建立集体决策制度或民主决策制度。通过高层管理团队集体讨论，决策过程中充分发挥团队的智慧和力量，遵循明确问题—分析问题—制定决策—审核决策—执行决策和反馈决策的循环。构建并推行基于数据仓库、数据挖掘、决策支持系统等程序化的决策模式。在决策前、决策中和决策后三个阶段均保证透明化、程序化地遵循规则，以尽量避免由于个人知识能力、认知偏差对投资决策产生影响，提高企业投资效率。

5.2.4 研究不足与展望

由于作者水平的局限，研究存在许多不足，这些不足也将会成为未来深入研究的方向。

第一，关于非理性行为指标的测量方法。本书对投资者和管理者非理性行为指标的测量使用了目前最为经典和常用的方式，但具体哪种方法才能准确无误地测量非理性指标，学者们也没有结论性的判断，这还需要不断探索和完善。

第二，关于非效率投资的度量方法。本书选择用 Richardson（2006）的投资残差模型来度量非效率投资。虽然这种方法具有明显的优势并在实证论文中最为常见，但这种方法用残差的方向粗略地判断过度投资和投资不足，可能有较为简化之虞，因此准确度量非效率投资的方法还有待进一步改进。

第三，关于样本数据的选择。本书样本数据均为二手财务数据，由于非理性心理或行为本身是一个动态变量，因此如果采用一手数据进行研究，结果会更为可靠。若未来能开发衡量各种非理性行为的量表，并长期跟踪采集管理者和投资者关于非理性行为的一手数据，就可得到更为精确的数据样本。

第四，关于模型研究框架。目前行为金融研究中，要么假设投资者有限理

性,要么假设管理者有限理性,完全将二者均纳入有限理性假设框架下的研究不多,本书也仅进行了初步的探索,而且仅研究了管理者与投资者在有限理性下表现出来的非理性行为在当期非效率的影响。但决策者的非理性行为对当期的作用均会反馈回来,直接或间接地影响管理者和投资者下一步的投资决策行为,进而影响下一期的股价波动以及企业投资效率,这是一个循环往复的过程,也是进一步研究的方向。

参考文献

[1] 巴曙松,朱虹. 融资融券、投资者情绪与市场波动 [J]. 国际金融研究,2016 (8):82-96.

[2] 包兴. 考虑需求异常扰动和管理者损失厌恶行为的能力结构投资模型 [J]. 中国管理科学,2015 (11):88-95.

[3] 陈菡. 货币政策、管理者风险偏好异质性与企业投资效率 [J]. 财会通讯,2018 (6):96-101+129.

[4] 陈健,曾世强. 投资者情绪对股票价格波动的影响研究 [J]. 价格理论与实践,2018 (7):99-102.

[5] 陈其安,唐雅蓓,张力公. 机构投资者过度自信对中国股票市场的影响机制 [J]. 系统工程,2009 (7):1-6.

[6] 陈日清. 投资者过度自信行为与中国 A 股波动性 [J]. 投资研究,2014 (2):89-103.

[7] 陈玉雪,胡晓雅. 股权结构、股票收益、股价波动与会计信息披露失真研究——评《证券市场会计信息供需研究》[J]. 财务与会计,2020 (22):89.

[8] 程新明. 管理者投资决策的羊群效应原因探究 [J]. 中小企业管理与科技(上旬刊),2012 (1):56.

[9] 崔斐斐. 国有、民营上市公司管理者风险厌恶对资本结构影响的比较 [J]. 经营与管理,2013 (9):76-78.

[10] 崔晓蕾,何婧,徐龙炳. 投资者情绪对企业资源配置效率的影响——基于过度投资的视角 [J]. 上海财经大学学报,2014 (3):86-94.

[11] 杜江,沈少波,易瑾. 股票市场"财富效应"和"投资效应"作用于宏观经济的有效性分析 [J]. 经济纵横,2010 (8):103-106.

[12] 杜伟岸,彭博彦,周欢. 机构、个人投资者过度自信差异研究——基于 TVAR 模型 [J]. 投资研究,2019,38 (3):51-62.

[13] 龚光明, 曾照存. 产权性质、公司特有风险与企业投资行为 [J]. 中南财经政法大学学报, 2014 (1): 137-144.

[14] 顾海峰, 翟淋源. 高管薪酬粘性、风险承担与企业投资效率——管理者权力与融资约束的调节作用 [J]. 证券市场导报, 2021 (1): 33-43.

[15] 韩燕, 崔鑫, 成宇星. 上市公司信息数量对股价波动的影响研究 [J]. 管理评论, 2020, 32 (12): 27-36.

[16] 何诚颖, 陈锐, 蓝海平, 等. 投资者非持续性过度自信与股市反转效应 [J]. 管理世界, 2014 (8): 44-54.

[17] 侯巧铭, 宋力, 蒋亚朋. 管理者行为、企业生命周期与非效率投资 [J]. 会计研究, 2017 (3): 61-67+95.

[18] 胡金焱, 水兵兵. 风险资产配置、股价波动与网贷风险——兼论对网贷利率的影响 [J]. 山东社会科学, 2020 (11): 124-131.

[19] 胡蓉宁, 张慧明. 高管薪酬激励与股价波动关联效应的实证分析 [J]. 现代经济探讨, 2020 (12): 57-67.

[20] 胡婷. 上市公司管理者声誉激励机制及其影响 [J]. 财会通讯, 2010 (4): 149-150.

[21] 扈文秀, 王锦华, 黄胤英. 美联储量化宽松货币政策实施效果及对中国的启示——基于托宾Q理论的货币政策传导机制视角 [J]. 国际金融研究, 2013 (12): 4-13.

[22] 花贵如, 刘志远, 许骞. 投资者情绪、企业投资行为与资源配置效率 [J]. 会计研究, 2010 (11): 49-55+97.

[23] 花贵如, 刘志远. 投资者情绪、管理者乐观主义与企业投资行为 [J]. 金融研究, 2011 (12): 178-191.

[24] 花贵如, 周树理, 刘志远, 等. 产业政策、投资者情绪与企业资源配置效率 [J]. 财经研究, 2021, 47 (1): 77-93.

[25] 黄立新, 程新生, 张可. 大股东股权质押对股价波动的影响——基于非财务信息披露视角 [J]. 系统工程, 2021, 39 (4): 139-150.

[26] 黄莲琴, 杨露露. 投资者情绪、管理者过度自信与资本投资 [J]. 东南学术, 2011 (5): 157-167.

[27] 黄毅, 张玉明. 从投入、产出和投入产出三个角度探究投资效率——以山东省上市公司为例 [J]. 财会月刊, 2016 (15): 79-84.

[28] 江伟, 刘丹, 李雯. 薪酬委员会特征与高管薪酬契约——基于中国上市公司的经验研究 [J]. 会计与经济研究, 2013 (3): 3-17.

[29] 江新峰，张东旭. 高管特征与企业投资羊群行为的实证检验——基于制造业企业数据 [J]. 郑州航空工业管理学院学报，2013（2）：79-83.

[30] 姜付秀，张敏，陆正飞. 管理者过度自信、企业扩张与财务困境 [J]. 经济研究，2009（1）：131-143.

[31] 金豪，夏清泉. 上市公司管理者风险偏好与公司非效率投资——基于国有企业与非国有企业的比较分析 [J]. 上海对外经贸大学学报，2017，24（2）：61-71.

[32] 李富军，姜富伟，杨桦. 投资者理性特征对动量效应的影响——基于中国A股市场的证据 [J]. 宏观经济研究，2019（11）：112-122.

[33] 李心丹，王冀宁，傅浩. 中国个体证券投资者交易行为的实证研究 [J]. 经济研究，2002（11）：54-63.

[34] 李媛，吴菲菲. 投资者情绪、特质风险与A+H股票价格差异研究 [J]. 金融监管研究，2020（12）：50-63.

[35] 廖理，廖冠民，沈红波. 经营风险、晋升激励与公司绩效 [J]. 中国工业经济，2009（8）：119-130.

[36] 刘莉，刘玉敏，任广乾. 官员晋升压力、管理者过度自信与国企投资效率 [J]. 经济体制改革，2020（1）：142-148.

[37] 刘亚伟. 高管团队异质性、晋升激励与非效率投资 [J]. 财会月刊，2015（11）：19-24.

[38] 刘振彪，何天. 机构投资进影响我国股价波动的实证研究 [J]. 财经理论与实践，2016，37（1）：64-69.

[39] 鲁倩，贾良定. 高管团队人口统计学特征、权力与企业多元化战略 [J]. 科学学与科学技术管理，2019（5）：181-187.

[40] 陆静，周媛. 投资者情绪对股价的影响——基于AH股交叉上市股票的实证分析 [J]. 中国管理科学，2015（11）：21-28.

[41] 罗斌元，梁丽娟，王豪. 税收政策、投资者情绪与企业投资效率 [J]. 税收经济研究，2019，24（6）：46-59.

[42] 罗斌元，杨春红. 环境不确定性、投资者情绪与企业投资效率 [J]. 财会月刊，2020（24）：32-40.

[43] 罗富碧，冉茂盛，杜家廷. 高管人员股权激励与投资决策关系的实证研究 [J]. 会计研究，2008（8）：69-76+95.

[44] 梅丹. 国有产权、公司治理与非效率投资 [J]. 证券市场导报，2009（4）：44-50.

[46] 戚拥军,冯楚立,尹开国. 管理者过度自信、公司治理与过度投资行为 [J]. 财会通讯,2015(3):42-45+128.

[45] 潜丽清,梁飞媛. 管理者背景特质对投资效率影响探析 [J]. 现代商贸工业,2015,36(10):94-95.

[46] 饶品贵,岳衡,姜国华. 经济政策不确定性与企业投资行为研究 [J]. 世界经济,2017,40(2):27-51.

[47] 任永平,李伟. 经济政策不确定性、投资者情绪与股价同步性——基于TVP-VAR模型的时变参数 [J]. 上海大学学报(自然科学版),2020,26(5):769-781.

[48] 尚煜. 产权异质性、投资者情绪与管理者投资行为 [J]. 经济与管理研究,2019,40(2):135-144.

[49] 史金艳,李延喜. 投资者过度自信下上市公司投资短视行为 [J]. 系统工程,2011(3):27-32.

[50] 孙英博,戎姝霖. 机构投资者参与度对我国股票市场波动性的影响 [J]. 经济研究导刊,2016(25):62-64.

[51] 唐亮,万相昱,张晨. 中国股票市场存在过度自信么?——行为机制和实证检验 [J]. 金融评论,2019,11(3):80-91+125.

[52] 童元松. 投资者情绪、股市流动性与波动性的关系研究 [J]. 技术经济与管理研究,2021(2):76-82.

[53] 童元松. 我国股票价格指数与投资者情绪的互动效应研究 [J]. 价格理论与实践,2020(9):98-101+179.

[54] 王春峰,张亚楠,房振明. 基于过度自信的交易量驱动因素建模 [J]. 中国管理科学,2010(4):43-48.

[55] 王海明,曾德明. 投资者情绪对企业投资行为的影响——一个基于盈余质量调节作用的实证 [J]. 社会科学家,2012(6):69-72.

[56] 王健,李明操,郭文轩,等个股情绪、定向增发与大股东利益输送——来自中国A股上市公司的经验证据 [J]. 中国管理科学,2021(5):1-12.

[57] 王晓燕,柳雅君. 业绩困境会影响企业的风险承担吗?——基于管理者过度自信视角的实证研究 [J]. 云南财经大学学报,2021,37(1):74-89.

[58] 王艳林,薛鲁. 董事会治理、管理者过度自信与投资效率 [J]. 投资研究,2014,33(3):93-106.

[59] 王志红，肖惠宇. 股权激励、审计质量与非效率投资——基于我国成长期上市公司的视角［J］. 财会通讯，2018（3）：3-7+129.

[60] 武艳. 管理者羊群行为成因及对企业价值影响研究［D］. 大连：东北财经大学，2016.

[61] 肖峰雷，李延喜，栾庆伟. 管理者过度自信与公司财务决策实证研究［J］. 科研管理，2011，32（8）：151-160.

[62] 谢世清，唐思勋. 投资者情绪与宏观经济波动对股票市场收益率的影响［J］. 宏观经济研究，2021（2）：99-107.

[63] 谢伟峰，陈省宏. 财务报告质量、管理者过度自信与投资效率［J］. 企业经济，2015（11）：179-183.

[64] 熊伟，陈浪南. 股票特质波动率、股票收益与投资者情绪［J］. 管理科学，2015（5）：106-115.

[65] 熊智，周雪. 投资过程中管理者的羊群效应分析［J］. 广西财经学院学报，2011（3）：57-64.

[66] 徐宁，王帅. 高管激励契约配置方式比较与协同效应检验——基于我国高科技上市公司动态创新能力构建视角［J］. 现代财经（天津财经大学学报），2013（8）：90-100.

[67] 颜向农，李思慧. 基于从众效应的投资趋同化研究［J］. 湖南科技大学学报，2012（9）：58-61.

[68] 杨娜，郭世辉. 融资需求、投资者情绪与盈余管理［J］. 武汉金融，2020（2）：58-66.

[69] 杨培涛，王帅，朱玉林. 我国货币政策对股价波动的效应测度［J］. 统计与决策，2020，36（24）：125-128.

[70] 杨文祺，王燕. 投资者情绪、羊群行为与市场波动——基于科创板市场的 TVP-VAR 模型实证研究［J］. 工业技术经济，2021，40（3）：72-81.

[71] 杨子怡，聂晓. 管理者过度自信与企业现金持有价值——基于投资效率的中介效应检验［J］. 企业经济，2016，35（11）：94-100.

[72] 姚德权，黄学军，杨光. 中国机构投资者情绪与股票收益关系研究［J］. 湖南大学学报（社会科学版），2010，24（6）：46-50.

[73] 姚远，钟琪，姚贝贝. 投资者情绪与股票市场波动关系研究——基于噪声交易与股票市场价格非理性波动关系的分析［J］. 价格理论与实践，2019（2）：92-95.

[74] 叶建华. 公司不确定性、投资者过度自信与资产增长异象 [J]. 管理评论, 2014 (12): 189-197+205.

[75] 叶玲, 李心合. 管理者投资羊群行为、产业政策与企业价值——基于我国A股上市公司的实证检验 [J]. 江西财经大学学报, 2012 (5): 24-32.

[76] 易志高, 茅宁. 中国股市投资者情绪测量研究 CICSI 的构建 [J]. 金融研究, 2009 (11): 174-184.

[77] 于博, 吴菡虹. 政策冲击、注意力分配与投资者情绪——基于"沪港通"与"深港通"政策的分析 [J]. 当代财经, 2020 (1): 136-148.

[78] 张博, 扈文秀, 杨熙安. 投资者情绪生成机理的研究 [J]. 中国管理科学, 2021, 29 (1): 185-195.

[79] 张敦力, 江新峰. 管理者能力与企业投资羊群行为: 基于薪酬公平的调节作用 [J]. 会计研究, 2015 (8): 41-48+96.

[80] 张功富. 我国上市公司投资过度还是不足?——基于沪深工业类上市公司非效率投资的实证度量 [J]. 会计研究, 2009 (5): 69-77+97.

[81] 张普, 唐国胜, 高传三. 上市公司现金股利与股价波动关系研究——基于深市主板、创业板、中小板数据的分析 [J]. 价格理论与实践, 2020 (10): 92-95.

[82] 赵冉, 李洪业. 中国上市公司投资羊群效应问题研究 [J]. 商业会计, 2018 (10): 86-88.

[83] 朱广印, 西爱琴, 丁建勋. 管理者非理性与企业融资行为的实证研究 [J]. 贵州财经大学学报, 2014 (4): 63-69.

[84] 朱旭强. 风险偏好对不同类型科技企业融资渠道有效性的研究 [J]. 商业时代, 2010 (6): 58-60.

[85] ADEBAMBO B N, YAN X S. Momentum, reversals, and fund manager overconfidence [J]. Financial management, 2016, 45 (3): 609-639.

[86] AGUILERA R V, DESENDER K, BEDNAR M K, LEE J H. Connecting the dots: bringing external corporate governance into the corporate governance puzzle [J]. The academy of management annals, 2015, 9 (1): 483-573.

[87] ALLOY L B, ABRAMSON L Y, VISCUSI D. Induced mood and the illusion of control [J]. Journal of personality and social psychology, 1981, 41 (6): 1129-1140.

[88] ALTI A, TETLOCK P C. Biased beliefs, asset prices, and investment: a structural approach [J]. The journal of finance, 2014, 69 (1): 325−361.

[89] ANDRES C. Family ownership, financing constraints and investment decisions [J]. Applied financial economics, 2011, 21 (22): 1641−1659.

[90] ANTONIOU C, DOUKAS J A, SUBRAHMANYAM A. Cognitive dissonance, sentiment, and momentum [J]. Journal of financial and quantitative analysis, 2013, 48 (1): 245−275.

[91] ARELLANO M, BOND S. Some tests of specification for panel data: montecarlo evidence and an application to employment equations [J]. The review of economic studies, 1991, 58 (2): 277−297.

[92] ARELLANO M, BOVER O. Another look at the instrumental variable estimation of error−components models [J]. Journal of econometrics, 1995, 68 (1): 29−51.

[93] ASKER J, FARRE MENSA J, LJUNGQVIST A. Corporate investment and stock market listing: a puzzle [J]. The review of financial studies, 2014, 28 (2): 342−390.

[94] BAE K H, BAEK J S, KANG J K, LIU W L. Do controlling shareholders' expropriation incentives imply a link between corporate governance and firm value? Theory and evidence [J]. Journal of financial economics, 2012, 105 (2): 412−435.

[95] BAKER, WURGLER. A catering theory of dividends [J]. Journal of finance, 2004 (59): 271−288.

[96] BAKER, WURGLER. Appearing and disappearing dividends: the link to catering incentives [J]. Journal of financial economics, 2004, 73 (2): 271−288.

[97] BAKER, WURGLER. Investor sentiment and the cross−section of stock retuns [J]. The journal of finance, 2006, 61 (4): 1645−1680.

[98] BAKER, WURGLER. Investor sentiment in the stock market [J]. Journal of economic perspectives, 2007, 21 (2): 129−151.

[99] BAKKE, WHITED. Which firms follow the market? an analysis of corporate investment decisions [J]. Review of financial studies, 2010, 23 (5): 1941−1980.

[100] BALI T G, DEMIRTAS K O, HOVAKIMIAN A. Corporate financing activities and contrarian investment [J]. Review of finance, 2010, 14 (3): 543-584.

[101] BANERJEE S, HUMPHERY J M, NANDA V. Restraining overconfident CEOs through improved governance: evidence from the sarbanes-oxley act [J]. The review of financial studies, 2015, 28 (10): 2812-2858.

[102] BARBER, ODEAN. Trading is hazardous to your wealth: the common stock investment performance of individual investors [J]. Journal of finance, 2000, 55 (2): 773-805.

[103] BERNARDO A E, CAI H, LUO J. Earnings vs. stock-price based incentives in managerial compensation contracts [J]. Review of accounting studies, 2016, 21 (1): 316.

[104] BIKHCHANDANI S, HIRSHLEIFER D, WELCH I. A theory of fads, fashion, custom, and cultural change as informational cascades [J]. Journal of political economy, 1992, 100 (5): 992-1026.

[105] BLANCHARD. Speculative bubbles, crashes and rational expectations [J]. Economics letters, 1979, 3 (4): 387-389.

[106] BLUNDELL R, BOND S. Initial conditions and moment restrictions in dynamic panel data models [J]. Journal of econometrics, 1998, 87 (1): 115-143.

[107] BO H, LI T, SUN Y. Board attributes and herding in corporate investment: evidence from Chinese – listed firms [J]. European journal of finance, 2016, 22 (4-6): 432-462.

[108] BOLLEN J, MAO H. Twitter mood as a stock market predictor [J]. Computer, 2011, 44 (10): 91-94.

[109] BROMILEY P, MCSHANE M, NAIR A, et al. Enterprise risk management: review, critique, and research directions [J]. Long range planning, 2015, 48 (4): 265-276.

[110] BROWN G W, CLIFF M T. Investor sentiment and asset valuation [J]. The journal of business, 2005, 78 (2): 405-440.

[111] BROWN G W, CLIFF M T. Investor sentiment and the near-term stock market [J]. Journal of empirical finance, 2004, 11 (1): 1-27.

[112] BROWN R, SARMAN. CEO overconfidence, CEO dominance and corporate acquisitions [J]. Journal of economics and business, 2007, 59 (5): 358−379.

[113] BRUNO G S. Approximating the bias of the LSDV estimator for dynamic unbalanced panel data models [J]. Economics letters, 2005, 87 (3): 361−366.

[114] BURNSIDE C, HAN B, HIRSHLEIFER D, et al. Investor overconfidence and the forward premium puzzle [J]. The review of economic studies, 2001, 78 (2): 523−558.

[115] BUSENITZ L W, BARNEY J B. Differences between entrepreneurs and managers in large organizations: biases and heuristics in strategic decision−making [J]. Journal of business venturing, 2007, 12 (1): 9−30.

[116] CAIN M D, MCKEON S B. CEO personal risk−taking and corporate policies [J]. Journal of financial and quantitative analysis, 2016, 51 (1): 139−164.

[117] CALDAROLA R A L. The intersection of emotional intelligence and corporate financial decision making [J]. The journal of corporate accounting finance, 2014, 25 (2): 67−72.

[118] CAMPBELL J Y, LETTAU M, MALKIEL XU Y. Have individual stocks become more volatile? An empirical exploration of idiosyncratic risk [J]. The journal of finance, 2001, 56 (1): 1−43.

[119] CARPENTER R E, FAZZARI S M, PETERSEN B C. Financing constraints and inventory investment: A comparative study with high−frequency panel data [J]. The review of economics and statistics, 1998, 80 (4): 513−519.

[120] CASSIO J, RUTH A, HUFFMAN D, et al. Are risk aversion and impatience related to cognitive ability [J]. The American economic review, 2010, 100 (3): 1238−1260.

[121] CHEN W. Can corporate governance mitigate the adverse impact of investor sentiment on corporate investment decisions? Evidence from Taiwan [J]. Asian journal of finance accounting, 2013, 5 (2): 101−126.

[122] CHOPRA N, LEE C, SHLEIFER A, et al. Yes, discounts on closed-end funds are a sentiment index [J]. The journal of finance, 1993, 48 (2): 801-808.

[123] COAKLEY J, HADASS L, WOOD A. UK IPO underpricing and venture capitalists [J]. The European journal of finance, 2009, 15 (4): 421-435.

[124] COOPER, WOO, DUNKLEBERG. Entrepreneurs perceived chances for success [J]. Journal of business venturing, 1988, 3 (2): 97-108.

[125] CRISTOFARO M. Reducing biases of decision-making processes in complex organizations [J]. Management research review, 2017, 40 (3): 270-291.

[126] DANIEL K, HIRSHLEIFER D. Overconfident investors, predictable returns, and excessive trading [J]. The journal of economic perspectives, 2015, 29 (4): 61-87.

[127] DANIEL K, TITMAN S. Market efficiency in an irrational world [J]. Financial analysts journal, 1995, 55 (6): 28-40.

[128] DAVIS J, MOORE J, PEDERSEN N K. Tail risk hedging strategies for corporate pension plans [J]. Journal of derivatives and hedge funds, 2011, 17 (3): 237-252.

[129] DEAVES R, LÜDERS E, YINGLUO G. An experimental test of the impact of overconfidence and gender on trading activity [J]. Review of finance, 2009, 13 (3): 555-575.

[130] DIXING Z. Market Sentiment. R&D expenditure and firms real investment—An empirical study based on the catering theory [J]. Science technology progress and policy, 2011, 9: 1-20.

[131] DOUKAS J A, PETMEZAS D. Acquisitions, overconfident managers and self-attribution bias [J]. European financial management, 2007, 13 (3): 531-577.

[132] DUELLMAN S, HURWITZ H, SUN Y. Managerial overconfidence and audit fees [J]. Journal of contemporary accounting economics, 2015, 11 (2): 148-165.

[133] FAIRCHILD. Behavioural corporate finance: existing research and

future directions [J]. International journal of behavioural accounting and finance, 2010, 1 (4): 277-293.

[134] FISHER K L, STATMAN M. Investor sentiment and stock returns [J]. Financial analysts journal, 2000, 56 (2): 16-23.

[135] FORBES D P. Are some entrepreneurs more overconfident than others [J]. Journal of business venturing, 2005, 20 (5): 623-640.

[136] GERVAIS, ODEAN. Learning to be overconfident [J]. Review of financial studies, 2001, 14 (1): 1-27.

[137] GHORBEL A, ABDELHEDI M, BOUJELBENE Y. Assessing the impact of crude oil price and investor sentiment on Islamic indices: subprime crisis [J]. Journal of African business, 2014, 15 (1): 13-24.

[138] GILCHRIST S W, SIM J, ZAKRAJŠEK E. Misallocation and financial market frictions: some direct evidence from the dispersion in borrowing costs [J]. Review of economic dynamics, 2013, 16 (1): 159-176.

[139] GLASER M, LANGER T, WEBER M. True overconfidence in interval estimates: evidence based on a new measure of miscalibration [J]. Journal of behavioral decision making, 2013, 26 (5): 405-417.

[140] GLASER M, WEBER M. Overconfidence and trading volume [J]. The geneva risk and insurance review, 2007, 32 (1): 1-36.

[141] GRINBLATT M, KELOHARJU M. Sensation seeking, overconfidence, and trading activity [J]. Journal of finance, 2009, 64 (2): 549-578.

[142] HADRI K. Testing for stationarity in heterogeneous panel data [J]. Econometrics journal, 2010, 3 (2): 148-161.

[143] HAN B. Investor sentiment and option prices [J]. Review of financial studies, 2008, 21 (1): 387-414.

[144] HEATON J, KORAJCZYK R. Introduction to review of financial studies conference on market frictions and behavioral finance [J]. Review of financial studies, 2002, 15 (2): 353-361.

[145] HEATON. Managerial optimism and corporate finance [J]. Financial management, 2002, 31 (2): 33-45.

[146] HILBERT M. Toward a synthesis of cognitive biases: how noisy

information processing can bias human decision making [J]. Psychological bulletin, 2012, 138 (2) 211−237.

[147] HIRSHLEIFER D, LOW A, TEOH S H. Are overconfident CEOs better innovators [J]. The journal of finance, 2012, 67 (4): 1457−1498.

[148] HIRSHLEIFER D, TEOH S H. Thought and behavior contagion in capital markets [J]. Journal of accounting and economics, 2008, 7 (16): 1−53.

[149] HIRSHLEIFER, HOU, TEOH. Do investors overvalue firms with bloated balance sheets [J]. Journal of accounting and economics, 2004, 38 (1−3): 297−331.

[150] HOLMES P, KALLINTERAKIS V, FERREIRA M. Herding in a concentrated market: a question of intent [J]. European financial management, 2013, 19 (3): 497−520.

[151] HSIEH T S, BEDARD J C, JOHNSTONE K M. CEO overconfidence and earnings management during shifting regulatory regimes [J]. Journal of business finance accounting, 2014, 41 (9−10): 1243−1268.

[152] Das P K, Freybote J, Marcato G. An investigation into sentiment−induced institutional trading behavior and asset pricing in the REIT market [J]. The journal of real estate finance and economics, 2015, 51 (2): 160−189.

[153] HUR J, SINGH V. Cross−section of expected returns and extreme returns: The role of investor attention and risk preferences [J]. Financial management, 2017, 46 (2): 409−431.

[154] HWANG K, CHA M, YEO Y. Does managerial overconfidence influence on financial reporting?: the relationship between over−investment and conditional conservatism [J]. Review of integrative business and economics research, 2015, 4 (1): 273−298.

[155] JAIN A K, GUPTA S. Some evidence on "herding" behavior of US banks [J]. Journal of money, credit and banking, 1987, 19 (1): 78−89.

[156] JEGADEESH N, TITMAN S. Returns to buying winners and selling

losers: implications for stock market efficiency [J]. The journal of finance, 1993, 48 (1): 65—91.

[157] JENSEN M C, MECKLING W H. Theory of the firm: Managerial behavior, agency costs and ownership structure [J]. Journal of financial economics, 1976, 3 (4): 305—360.

[158] JENSEN. Agency cost of free cash flow, corporate finance, and takeovers. corporate finance, and takeovers [J]. American economic review, 1986, 76 (2): 56—98.

[159] JING Y. Study on business cycle, investor sentiment and intangible assets investment [J]. Sci-tech innovation and productivity, 2016, 265 (2): 19—24.

[160] JITMANEEROJ B. Does investor sentiment affect price-earnings ratios [J]. Studies in economics and finance, 2017, 34 (2): 183—193.

[161] JOVANOVIC B, ROUSSEAU P L. Extensive and intensive investment over the business cycle [J]. Journal of political economy, 2014, 122 (4): 863—908.

[162] KAUFMANN C, WEBER M, HAISLEY E. The role of experience sampling and graphical displays on one's investment risk appetite [J]. Management science, 2013, 59 (2): 323—340.

[163] KENNEDY J A, ANDERSON C, MOORE D A. When overconfidence is revealed to others: Testing the status-enhancement theory of overconfidence [J]. Organizational behavior and human decision processes, 2013, 122 (2): 266—279.

[164] KEYNES. The general theory of employment, interest and money [J]. Quarterly journal of economics, 1937, 51 (2): 209—223.

[165] KHAN M S R, RABBANI N. Momentum in stock returns: evidence from an emerging stock market [J]. Macroeconomics and finance in emerging market economies, 2017, 10 (2): 191—204.

[166] KOLASINSKI A C, KOTHARI S. Investment banking and analyst objectivity: Evidence from analysts affiliated with mergers and acquisitions advisors [J]. Journal of financial and quantitative analysis, 2008, 43 (4): 817—842.

[167] KREMER M, LEE J, ROBINSON J, et al. Behavioral biases and firm behavior: evidence from Kenyan retail shops [J]. The American economic review, 2013, 103 (3): 362−368.

[168] KYLE. Continuous auctions and insider trading [J]. Journal of the econometric society, 1985, 53 (6): 1315−1335.

[169] LASHGARI M. The role of TED spread and confidence index in explaining the behavior of stock prices [J]. American business review, 2000, 18 (2): 9−11.

[170] LEE W Y, JIANG C X, INDRO D C. Stock market volatility, excess returns, and the role of investor sentiment [J]. Journal of banking finance, 2002, 26 (12): 2277−2299.

[171] LEMMON M, PORTNIAGUINA E. Consumer confidence and asset prices: Some empirical evidence [J]. The review of financial studies, 2006, 19 (4): 1499−1529.

[172] LETTAU M, WACHTER J. Why is long-horizon equity less risky? a duration-based explanation of the value premium [J]. The journal of finance, 2007, 62 (1): 55−92.

[173] LEVIN A, LIN C F, CHU C S J. Unit root tests in panel data: asymptotic and finite-sample properties [J]. Journal of econometrics, 2002, 108 (1): 1−24.

[174] LEVY H. Absolute and relative risk aversion: An experimental study [J]. Journal of risk and uncertainty, 1994, 8 (3): 289−307.

[175] MEIER C, DE MELLO L. Investor overconfidence in experimental asset markets across market states [J]. Journal of behavioral finance, 2020, 21 (4): 369−384.

[176] LIU L X, WHITED T M, ZHANG L. Investment-based expected stock returns [J]. Journal of political economy, 2009, 117 (6): 1105−1139.

[177] LJUNGQVIST A, NANDA V, SINGH R. Hot markets, investor sentiment, and IPO pricing [J]. The journal of business, 2006, 79 (4): 1667−1702.

[178] MACKINNON D P, WARSI G, DWYER J H. A simulation study of mediated effect measures [J]. Multivariate behavioral research,

1995, 30 (1): 41-62.

[179] MALKIEL B G, FAMA E F. Efficient capital markets: A review of theory and empirical work [J]. The journal of finance, 1970, 25 (2): 383-417.

[180] MALMENDIER U, TATE G. Does overconfidence affect corporate investment? CEO overconfidence measures revisited [J]. European financial management, 2005, 11 (5): 649-659.

[181] MALMENDIER U, TATE G. Who makes acquisitions? CEO overconfidence and the market's reaction [J]. Journal of financial economics, 2008, 89 (1): 20-43.

[182] MALMENDIER U, TATE G. Behavioral CEOs: the role of managerial overconfidence [J]. The journal of economic perspectives, 2015, 29 (4): 37-60.

[183] MALMENDIER U, TATE G, YAN J. Overconfidence and early-life experiences: the effect of managerial traits on corporate financial policies [J]. The journal of finance, 2011, 66 (5): 1687-1733.

[184] MEHRA R, SAH R K. Mood fluctuations, projection bias, and volatility of equity prices [J]. Journal of economic dynamics and control, 2002, 26 (5): 869-887.

[185] MUJTABA MIAN G, SANKARAGURUSWAMY S. Investor sentiment and stock market response to earnings news [J]. Accounting review, 2012, 87 (4): 1357-1384.

[186] MULJAWAN D, DAR H A, HALL M J. A capital adequacy framework for Islamic banks: the need to reconcile depositors' risk aversion with managers' risk taking [J]. Applied financial economics, 2004, 14 (6): 429-441.

[187] MYERS S C, MAJLUF N S. Corporate financing and investment decisions when firms have information that investors do not have [J]. Journal of financial economics, 1984, 13 (2): 187-221.

[188] NEAL R, WHEATLEY S M. Do measures of investor sentiment predict returns? [J]. Journal of financial and quantitative analysis, 1998, 33 (4): 523-547.

[189] NOFSINGER. Social mood and financial economics [J]. Journal of

behavioral finance, 2005, 6 (3): 144-160.

[190] ODEAN, TERRANCE. Are investors reluctant to realize their losses? [J]. The journal of finance, 1998, 53 (5): 1775-1798.

[191] ODEAN. Do investors trade too much [J]. Journal of American economic review, 1999, 89 (5): 1279-1298.

[192] PARRINO R, POTESHMAN A M, WEISBACH M S. Measuring investment distortions when risk-averse managers decide whether to undertake risky projects [J]. Financial management, 2005, 34 (1): 21-60.

[193] PIKULINA E, RENNEBOOG L, TOBLER P N. Overconfidence and investment: An experimental approach [J]. Journal of corporate finance, 2017, 18 (2): 1-33.

[194] POLK C, SAPIENZA P. The stock market and corporate investment: a test of catering theory [J]. Review of financial studies, 2009, 22 (1): 187-217.

[195] RABIN. Incorporating fairness into game theory and economics [J]. The American economic review, 1993, 83 (5): 1281-1302.

[196] RANCO G, ALEKSOVSKI D, CALDARELLI G, et al. The effects of twitter sentiment on stock price returns [J]. PloS one, 2015, 10 (9): 1-51.

[197] RICHARDSON S. Over-investment of free cash flow [J]. Review of accounting studies, 2006, 11 (2-3): 159-189.

[198] ROLL R. The hubris hypothesis of corporate takeovers [J]. Journal of business, 1986, 59 (2): 197-216.

[199] ROODMAN D. Fitting fully observed recursive mixed-process models with cmp [J]. The stata journal, 2009, 11 (2): 159-207.

[200] ROSS S A. Compensation, incentives, and the duality of risk aversion and riskiness [J]. The journal of finance, 2004, 59 (1): 207-225.

[201] SAYIM M, RAHMAN H. The relationship between individual investor sentiment, stock return and volatility: Evidence from the Turkish market [J]. International journal of emerging markets, 2015, 10 (3): 504-520.

[202] SCHARFSTEIN D S, STEIN J C. Herd behavior and investment

[J]. The American economic association, 2000, 90 (3): 705-706.

[203] SCHMELING M. Investor sentiment and stock returns: some international evidence [J]. Journal of empirical finance, 2009, 16 (3): 394-408.

[204] SHEFRIN. How the disposition effect and momentum impact investment professionals [J]. Journal of investment consulting, 2007, 8 (2): 68-79.

[205] SIRIOPOULOS C, FASSAS A. An investor sentiment barometer — Greek implied volatility index (GRIV) [J]. Global finance journal, 2012, 23 (2): 77-93.

[206] SMALES L A. The importance of fear: investor sentiment and stock market returns [J]. Applied economics, 2017, 49 (34): 3395-3421.

[207] STAMBAUGH. The short of it: Investor sentiment and anomalies [J]. Journal of financial economics, 2012, 104 (2): 288-302.

[208] STATMAN, THORLEY, VORKINK. Investor overconfidence and trading volume [J]. The review of financial studies, 2006, 19 (4): 1531-1565.

[209] STEIN J C. Efficient capital markets, inefficient firms: a model of myopic corporate behavior [J]. The quarterly journal of economics, 1989, 104 (4): 655-669.

[210] THALER, KAHNEMAN, KNETSCH. Anomalies: the endowment effect, loss aversion, and status quo bias [J]. The journal of economic perspectives, 1991, 5 (1): 193-206.

[211] ANDREW V, BIN X. Time-varying managerial overconfidence and pecking order preference [J]. Review of quantitative finance and accounting, 2018, 50 (3): 799-835.

[212] VOGT S C. The cash flow/investment relationship: evidence from US manufacturing firms [J]. Financial management, 1994, 23 (2): 320.